介護の天気、晴朗なり

中西徹郎

澪標

介護の天気、晴朗なり

目次

I

II

装幀　森本良成

I

施設の愛犬　「まる」ちゃん（下）と「りく」君（上）

人は見かけに依らぬもの

私は中高一貫の私立男子校に通った。中学一年の時だった。学年二百人中、常に上位二十番以内に入っている男がいた。それが中学二年頃になって、様子が変わり始めた。勉強をしなくなり、髪や服装も不良ルックに変わって行った。どうやら学校の先輩に、「お前は勉強をして大学に入っても、女子大生の綺麗綺麗のオネエちゃんに相手にしてもらえる顔ではない」と言われたようなのだ。まったく悪い先輩がいたものである。

この男、その後非行や乱行は激しくなり、高校三年の頃には、定期テストで学年最低点を連発。どうにかこうにか卒業出来たという有様だった。

このことを、私が成人してから参加したあるセミナーで、中学校教諭を名乗る男性に話したら、

「その子は、意志が弱かったのだろう」。

私はあきれてしまった。意志が弱いで片付けられる問題だろうか。まして学校の先生ともあろう人が。

私自身はこの学校で、高校三年の時「いじめ」に会ってしまった。「アホ顔のくせに、大学受験を目指している」と言うのである。中高六年間親しくしていた級友に聞くと、私の顔は「アホ顔」だと決めつける。「顔と勉強と、関係あるのか」と聞いたら、「顔、関係ある」と強弁する。

「他校《よそ》の連中で、ゴロついとるヤツの顔見てみい。アホそうな顔しとるやろがい」と、こんなことまで言い出すのである。

「中西に煙草を吸わせろ。髪にパーマを当てさせろ。そうすれば、グレるだろう」。

他の連中も、こんなことを真剣に吹っ掛けて来るのである。今思うにこんな連中は、少なくとも楽しい人生は送れていないだろう。

世の中には実に妙な枠組み観念があるものである。こんな観念に流されて、自分の人生をつまらなくしてしまった人。その数はおびただしいのではないかと私は推測する。

「人は見かけに依らぬもの」「他人を見かけで判断してはならない」という言い伝えがあっても、他人を見かけで判断してしまうことは多々ある。ならばそれは当然ながら、介護現場にも存在する。

特別養護老人ホーム一般棟に入所して来た麦田さん（仮名・女性）は、ほぼ寝たきりの方だった。脳血管障害による右片麻痺。左手のみ活発に動く。排泄は昼夜オムツ。入浴も全介助で特殊浴。食事も全介助だった。

脳血管障害は言語中枢にも達していて、発語は「アニャアニャアニャ」の失語状態。加えてこの方は、ひじょうに気分にムラのある方だった。食事時気分が乗らないと、介助のスプーンを差し向けても首を横に振って、全く食されない時もたくさんあった。オムツ交換時も、機嫌が悪いと左手で介助の手を叩くことは何度もあった。これら拒否行動に加えて、オムツ内の便をいじくる、弄便行為もたびたびあった。

私は長年の介護の経験から、その方のいい所を見つけるように努めていた。そうして接してみると、この麦田さんは意外に面白好きであり、本人もそれをわかっているようだった。介助に行って、拒否行為が出ると、

「わかりました。わかりました。今はお気持ちが優れませんか。この次来る時は、いつもの面白い麦田さんでいて下さい。今はオムツ交換です」

と、声かけも工夫して、少しでも麦田さんと良い関係が作れるよう努めた。

だがある時私は、麦田さんの面白好き以上のものを見極めた。私はレクリエーションで、入所者の皆様に歌を歌ってさし上げていた。大阪桐蔭高校の校歌を歌った時のことだ。麦田さんは急に興味津津の表情になって聞いて来た。この校歌は歌詞の途中に

と校名が出て来る。そこを歌うと、「なあんだ。どこかの学校の歌か」という具合に、表情が崩れたのである。初めて聞く歌の歌詩まで、ちゃんと拾って下さったのである。次の日は、上宮太子高校の校歌を歌った。これも興味深く聞いて下さった。弱り切った体の麦田さんだったが、精神には人並み以上のものがあることが、今回のレクで、たまたまながらわかったのである。

ならばさらに大きく見方を変えて接してあげようと思ったのだが、程なくして私はこの職場の退職を迎えてしまった。申し訳ない結果になったと思っている。

利用者のお年寄りの「問題行動」に関しては、介護者はカルテや介護情報書類で日常茶飯事である。だがそれでもって、利用者の人格まで蔑んでいないだろうか。大いに反省すべき点である。それでもって利用者の人格が損なわれたり、つまらない人の扱いを受けては、これはもはや名誉棄損罪の部類である。

冒頭に述べた「つまらない人生」に流されることは、何としても気を付けたい事である。クラシックバレエという舞台芸術がある。日本では、バレエは高尚な趣味とされている。一体誰がこんな「つまらない」事を言い出したのだろうか。私の意見で恐縮だが、バレエが高尚な趣味とは、あふれんばかりに表現されている男女の性愛の喜びに追いて行けなかった人が、他人のハードルまで高くしてしまったのだろうと思う。「白鳥の湖」「眠れる森の美女」「ロミオとジュリエット」。いや歌劇の「フィガロの結婚」等々、ぜひ見に行ってほしい。至る所にくすぐりが用意してあって、大いに笑って楽しめる舞台芸術なのだから。

悪い友とつむじ風には出会うな

こんなことわざがあることは、あまり知られていないようだ。我々はくれぐれも、「つまらない人生」の与え手にも受け手にもなってはならないのである。

深いお人柄

「認知症ケアのために、寄り添う介護」を提唱したのは、イギリスの女性研究者だったと記憶している。はるばる大阪まで、受講料一万円プラス当時の消費税五百円の白腹を切って、聴講に出かけた。女性の同時通訳者を側においての熱弁だった。

問題はそのあとである。テレビや新聞紙上で、やたらと「寄り添う」という言葉だけがもてはやされ始めた。やれやれ日本人とは、本当に困った国民性である。美辞麗句だけ振り回して、誰もその意味するところを捉えようとしない。寄り添うために、「走り回る介護」を拒否しようとする意見も出かかった。楽してこの仕事をしようとする人間に体よく利用されたのでは、もはやこの国は高齢者ケアを真剣に考えているのかと、本気で疑いたくもなった。

なぜ「寄り添う介護」か。それは寄り添うことで、認知症の方に「あなたのことを真剣にサポートします」というボディーメッセージになる所である。さらに、寄り添うことで認知症のみならず、すべてのお年寄りの人間の本質を理解することにつながるのである。

表題の「深いお人柄」も、その人に寄り添うことで理解出来てくる事柄である。

開設間もない老人保健施設に入所して来た萩田さん（仮名・女性）は体に麻痺はないが、脊椎変形で上体が前に傾いているため、車椅子生活だった。食事は自立だが、摂取量は少ない。どうやら車椅子座位だと上体に疲れが出て、長く保てないようなのだ。ちなみにこの車椅子座位の長時間不可は、事前の報告書にはなかった。入浴は着脱洗体全介助で特殊浴。排泄は、昼間はナースコールにてトイレ誘導、夜間はオムツ使用。

入所当初から一所懸命お世話をしてあげると、萩田さんはすぐに気付いたようだ。この施設の職員は、みんな優秀である。だから自分も頑張らないといけないと。

ある日のこと、萩田さんの居室に訪室すると、何か様子が違う。聞いたところによると、萩田さんはナースコールを鳴らさず、自分で歩いてトイレに行き、用を足して帰って来たという。この一般棟は、居室に一つずつトイレが設置してある。萩田さんのベッドから約八メートル。車椅子は自操できないので杖を使って歩いたということだった。

「お世話してもらってばっかりでは申し訳ないのでな。けどやっぱり私の足では危ないわ。これからはナースコール押します」。

自立意識も現状理解も確かである。この事を詰所に帰ってケアワーカーたちに話すと、他人の美談は素直に受け容れないところが、何となく危うかった。

さて、問題はこのあとだった。萩田さんは昼間のトイレ誘導の他に、夜間は体位交換のため、ナースコールを押していた。寝返りが出来ないためだった。程なくして介護職員から出たブーイングが、「萩田さんはコールが多い」だった。ナースコールは他の入所者もじゃんじゃん押していた。テレビを点けてほしいというコールもあった。そんな中で萩田さんは昼間はトイレ、夜間は体交にだけ押していた。雑用にコールを押すことなど一切なかった。だが、萩田のことを「コール魔」などと言う男性介護職員もいた。

介護職員によれば、コールの多い入所者は、自分でやろうとせず、何でもかんでも他人を頼る、「甘え」や「依存心」の強い人だと。そんな敵愾心を勝手に作っている、自己への反省はないようだ。私は「コールが多いのはケアワーカーを信頼しているからですよ」と説明しても、なしのつぶてだった。

ある日の朝のことだった。萩田さんは朝食後もテレビの前に座らされていた。見るからに苦しそうなので、私は居室誘導することにした。車椅子を押していると、後ろから、

「中西さん。置いとんや」

と言って連れ戻しに来たのは、夜勤明けの男性職員だった。前夜コールを鳴らされ続けたことへの腹癒せだろうか。事前報告書になかった車椅子座位のことは、おかまいなしである。それとも疲れさせて、次の夜は寝かせるためか。後続の夜勤者のために、昼間入所者

を疲れさせることは、往々にしてどこの施設でもあるようだ。これをリハビリ職員は、

「そんなことをされたら、何のために配慮をしてリハビリプログラムを組んでいるのかわからない」

と、苦り切っていた。

萩田さんもこんな空気を察して、困惑し切っている様子だった。だが最後までケアワーカーを信じてコールを押し続けて下さったのを、私は立派だと思った。信じてもらえることのかけがえのなさを、ケアの与え手はもっと考えるべきである。

ナースコールについては萩田さん以後も、連綿と職員の言い分が出た。ナースコールを少なくする方法をという議論が出かかった。この介護職員は、サラリーを頂いて帰るということを何と心得ているのだろうか。コールを鳴らして来る特定の人ばかりでなく、もっと他に入所者のお世話がしたいと言った女性職員もいた。今現在御用のある人の御用を出来ない介護職員を、信頼して御用を申し付けて来るお年寄りがいるだろうか。

萩田さんを考えた時、深い人柄を持った人は、それだけ他者から踏み込まれやすいものを持った人なのだろう。それが「いじめ」という形で返って来ても、甘んじて受け容れる。すなわち、人柄の深さである。

萩田さんは特養入所が決まり退所した。そこの施設で亡くなった。聞くところによると、

穏やかな死だったそうだ。

深い人柄を感じる人に出会ったら、ぜひ大切に接して行きたいと思う。接する人間すべての心を穏やかにしてくれる。そういう力を持った人なのだから。

難聴

私は五十歳台半ばで、白内障が出かかっていると眼科から診断を受けた。だが同時期に耳鼻咽喉科で診察を受けた耳の方は、まったく問題なし、正常そのものだった。であるから、難聴のお年寄りの気持ちは、この稿を書いているここではわからない。

老人保健施設に入所して来た堀内さん（仮名・男性）は、極度の難聴だった。下肢筋力の低下で車椅子。食事は自立。入浴は、洗体を自分でしようとしないため介助の上、手引き歩行にて普通浴可能。排泄は車椅子にてトイレ内で自立可能。但し紙パンツ汚染があるため、昼間に定時チェック必要。夜は紙パンツのまま大小パット使用にて定時交換。この人の場合は、昼間三度も排尿汚染を定時チェックしてもらえるため、トイレに行かなくなったという、介護上の問題にされなかったという問題のあった人だ。

この人で最初に困ったのが、トイレ使用時のことだ。洋式トイレの便座のフタを、力一杯叩き付けるように閉める行為があった。詰所内でも時々バーンという音が聞こえて来た。そんなわけで堀内さん使用のトイレのフタを取りはずす対応をしなければならなかった。

しかしこの行動は、難聴でイライラしているためだろうかという話し合いも出たほどだ。堀内さんは見るからに毒々しい印象のある方だった。発語や笑顔は全くない。意思疎通は筆談で行うのみだった。

話は飛ぶが、この堀内さんの二年ほど後に入所した辰村さん（仮名・女性）も極度の難聴だった。下肢関節の機能低下のため車椅子使用。但し筋力は十分あり、拘縮した両足を器用に使って、ベッドサイドで小さな用事なら自分でやっていた。排泄は夜間のみオムツ。発語は十分で、むしろその口癖を他のケアワーカーが真似るほどだった。意思疎通も、相手の言葉を雰囲気で理解して、コミュニケーションも問題なし。従って問題行動は一切なかった。難聴の人が必ずしもイライラしているわけではないようだ。

堀内さんを介護し始めて、あるレクリエーションの時だった。この一般棟ではレクのひとつに「パタパタゲーム」というのをやっていた。介護長がレクに試行錯誤するうちに、開発したものらしい。ティシュペーパーを宙に浮かせ、ボール紙の切っ端を団扇代わりに下からあおいで、先に落とした方の負け。

この日はそのレクの日だった。入所者みんなやっていたので、堀内さんにもすすめてみた。要領を説明してあげると、堀内さんは怒ってボール紙を私の顔に投げつけた。切っ端は顔と眼鏡の間にはさまって止まった。私はこの行動を笑顔で受け止めてあげた。堀内さんの気持ちは、すぐ理解出来た。こんな子供じみた遊びは、私でもいやである。

このいきさつを介護長に報告すると、

「中西君は、怒らないのね」

の一言に付されてしまった。

暴力行為などの問題行為を受けた時、笑顔で受け止めてあげることの重要さは、確かキリスト教の教義にもあったのではなかろうか。暴力行為と言っても、巷に広くある犯罪行為ほどの急迫不正ではない。施設内で起こる問題行為には、何らかの理由があるはずである。それを理解して笑顔で受け止めてあげることは、言わば最高のコミュニケーション技術である。問題行動のある人が施設に帰順してもらえるようになる、ノウハウとも言えるのである。それを、「アラそ、ツン」で処してしまった介護長というあの女性の上役は、一体何様なのであろうか。

果たしてこの後、堀内さんは何かにつけて私を頼ってくれるようになった。この方は車椅子は自操するが、食事テーブルに正確に付けるなどの細かい操作が面倒なのである。そんな時私の尻を小突いて、両手をくねらせて訴えて来る。筆談の手間はかなりなくなり、どのケアワーカーに対しても手振りで訴え、理解し合えるようになった。ただ面倒臭がりは面倒臭がりで、昼間三度の排泄チェックの時は、尿でボトボトになった紙パンツを交換してあげなければならなかった。これは後々の退所後も話題になった。

退所、在宅復帰が決まってからは、堀内さんはさすがに不安そうな表情を見せるようになった。ある日のことだった。この日は階下で喫茶コーナーのサービスを行っていた。私が筆談で「コーヒーでも飲まれて、気分転換をされてはいかがですか」と案内すると、これが初めてというような笑顔を見せた。

退所、在宅復帰後、ショートステイで再入所の手筈があった。しかし入所時、三十八度台の高熱があり、そのまま入院となった。

その後、堀内さんのことはケアスタッフ誰にも知らされなかった。どんな入所者に対しても、礼を尽くして接したいものである。それは必ず実を結ぶのだから。

お達者人生

「早い人は、五十歳台半ばぐらいでヘタッてしまいます」。

これは昭和五十年、私が高校一年の保健体育の授業で、先生から聞いた言葉である。私は中学、高校生時分は、ひ弱で通っていた。であるからこの先生の言葉、ひょっとして時分のことではないかと真剣に心配になった。後年三十九歳で老人介護の肉体労働の職に就き、五十歳台半ばで十六時間半の夜勤明けの後、施設の窓拭きの、六、七時間のサービス残業を申請出来る体力があることなど、想像もつかなかった。

それにしても、このお年寄りはお達者な方である。関山さん（仮名・男性）は、特別養護老人ホームに付属する、ケアハウスの入所者だった。要介護にまだならず、要支援、あるいは自立の方だった。私がこの方に初めて出会ったのは、まだケアハウスの職員にならない、特養の職員の時だった。

二月の寒中に、施設の消防訓練があった。この関山さんはそれを聞きつけ、その日利用中のデイサービスから飛び入り参加したのだ。デイの職員が気を遣って、

「寒いのにコートも着んと、寒くないィ」

と声をかけると、

「アンタらより丈夫や」

と気丈に答えた関山さんは、この時九十七歳ぐらいだそうだ。スゴイ人だと思った。杖一本で地面にしっかりと立っていた。

その後ケアハウスの職員に移動して、関山さんの第一印象はというと、あまり印象にない人だった。「あら、そこに居たんですか」と言いたくなるような人だった。飾らない人だったのだ。心穏やかに、しかししっかりと生きている。こんなイメージだろうか。

百歳を迎えて、関山さんの生きるテンションは上がって来たように思えた。ケアハウスでは、介護作業は多くは行わない。その分、会席を設けるなどのサービスを行う。「お茶会」は、介護主任が提案した会だった。お茶とお菓子のサービスの上手い女性職員がいた。それに加えて、私の芸達者がものを言った。

歌とお話で、参加のお年寄りをもてなした。このソングアンドトークに、関山さんがウキウキの乗りで参加してくれた。自身の若い頃のいろんな話を聞かせてくれた。十代半ばで洋服の仕立屋に丁稚奉公に行った話。見せてもらったセピア色の写真に、若い関山さんが真名な面持ちで写っていた。

店の主人のお供で行った会席の席上で、お料理に肉の煮浸しのような物があった。それがなんと、鶴のお肉だった。「ボク、ツル食べたの」と、自分も驚いたような表情が実に印象的だった。

店の先輩に、早稲田大学の構内に連れて行ってもらった。その時、杖を突いた老人を見かけた。それが学長の大隈重信だった。生きた歴史上の人物の御存知話を、私が中継役で他の参加の皆さんに話してあげると、満面の笑顔で聞いて下さるのである。

極めつけは、早稲田大学校歌だった。私が歌ってさし上げると、声を張り上げて追いて歌われる。この間関山さんは、起立したままだった。他者へのサービス精神も十分心得ておられる。もうあと一年ほどで、百歳になる人の姿であった。

百歳の記念祝賀パーティーを、施設内で行った。施設近隣の同好会の参加も得て、カラオケと民謡踊りで大いに盛り上がった。関山さんの自慢は、内閣総理大臣から頂かれた表彰状と銀盃だった。これを参加の入所者全員に閲覧させてあげた。折角だから銀盃にお酒をついで差し上げた。すると、普段お酒を飲まない女性のお年寄りも飲まれたのである。やはり縁起物であったのだろう。

関山さんは、ナツメロ、唱歌、民謡が大好きで、たくさんの歌を知っておられた。ある四月の花見の席で、それらの歌を私が歌って差し上げると、やはり追いて声を張り上げて歌われる。それを他のお年寄りたちも、しみじみとして見ておられる。

「関山さん、百、越したはんのやろ」。

「お元気やねえ」。

このようにして、行く先々で座の盛り上がる方だった。

関山さんのお達者ぶりは、私もぜひ見習いたい。本当に百歳ぐらいまで、社会で活躍し続けたいと思うようになった。だが関山さんは、あのお年までどうやって心の張りを失わずに生きて来られたのだろうか。

介護予防が議論されて十年以上になる。だがそれは理学療法の面ばかりである。心理、人格面からどうサポートするかの議論がまだ乏しいのである。関山さんのような事例を、どんどん議論せねばならないのである。

関山さんは介護付き有料老人ホームが決まり、退所された。どうぞお達者でと願うばかりであった。

認知症と強迫性障害・その1

脇村さん（仮名・男性）は、私が特別養護老人ホーム認知症棟に勤務をし始めた時、すでにそこのショートステイの利用者だった。認知症があるのみで、上肢下肢に問題はなく、杖歩行である。食事は自立。排泄も自立で失禁汚染はない。但し尿回数や便回数を問診しても、不明瞭である。

この方の行動の注意点を、介護主任からガイダンスされた。同じ事を何度も聞いてくる。何度か答えて、あとは無視しても良い。但し無視をすると杖でテーブルやカウンターを叩いてくるので、その時は杖を預かることにすると言うことだった。

勤務に入って早速に、この脇村さんから訴えを受けた。その都度対応してあげた。私は指示された通りの無視はせず、何度も訴えを聞いて、その都度説明をしてあげる介護方針だった。そうすれば、なるほど大切な事に気付くことが出来た。この職場では新参者でも、すでに七年ほどの介護勤務体験があった。

介護主任は「同じ事を何度も聞いてくる」と説明したが、どうも同じ事を訴えてはいないのである。訴えの主旨は帰宅願望だが、訴え方も訴えている意味も毎回違うのである。

「ワシ、帰りたいんやけどな」と脇村さん。「今日は泊って頂く事になっておりますので、どうぞここでお気を楽にお過ごし下さい」と私。脇村さんは納得の言葉を発せられるが、暫くして、

「ワシ、帰られへんのかいな」。

「お家に帰られる方がよろしいか。しかし一度お泊り頂く事も、悪い事ではございますまい。万事は我々にお任せ下さって、おくつろぎ下さい」と私。

すぐに笑顔で納得されるが、また暫くして、

「ワシ、どないしとったらエエんかいな」。

「何か気になる事がございますか。すべて我々に任せて、ごゆるりとお過ごし下さい。何でしたら脇村さんのお部屋にご案内します。どうぞここでおくつろぎ下さい」と私。

こうして何度も対応して、感覚的にひらめいた。脇村さんの訴えは、認知症による物忘れではない。ではそれは何か。それは「強迫性障害」ではないだろうか。

強迫性障害とは、精神疾患の一つである。重症例になると家から外出出来なくなるなど、生活に著しい支障をきたすが、軽症例では、かなりの人が保有している。外出時に、ガスの元栓やドアの施錠を何度も確認してしまう、ある意味有名な疾患である。

脇村さんが苛まれている強迫観念は何だろうか。おそらくそれは、次のようなものではないだろうか。

「脇村さん、何してるのォ。いつまでもここに居っても、もう御飯出ェへんよォ」。

こんな強迫観念がまとわりついて離れない。こんな人は案外どこにでもいるものである。

脇村さんも、その一人のようだった。私はそう思ったので、次の訴えがあった時、対応してみたのである。

「脇村さん。自分だけ飯を当ててもらわれへんような、そんなお気持ちになりますか」。

脇村さんは「そうやそうや」と苦笑で答えた。

一連の行動は認知症によるものではなく、強迫性障害によるものだった。さすれば無視をすれば怒ってテーブルを叩いてくる行動も理解出来た。ならばと対応を変えて、まず心を落ち着かせてあげるよう説明をした。するとなるほど、脇村さんの訴えは減って行った。

だが、やはり完全にはなくならなかった。

この施設の一般棟職員に異動した時、宇山さん（仮名・男性）という、これもショートステイの方がおられた。下肢筋力低下で車椅子。ベッド移乗介助。排尿はバルーン留置。昼夜のオムツは排便のみ。食事は自立。入浴は特殊浴の方だった。食事、入浴以外はベッドで過ごされる。

この方は時々ナースコールを鳴らすが、
「私もう、帰らせて頂きたいんですが」
というものだった。当初その意味がわからなかった。ある時宇山さんと同室にショートステイの男性がいた。行動素振りがおかしいので、私はその方に「自分だけ食事が当たらないと考えますか」と聞いた。するとカーテンの向こうから、「思います」と大きな声がした。それが宇山さんだった。一連のコールはこれが原因だった。以後私は宇山さんの気持ちを理解し落ち着かせる対応に変えた。

自分だけ冷遇を受けるのではないか。自分だけ被害に遭うのではないか。自分だけ恥をかくのではないか。脇村さんと宇山さん以後、介護現場を見渡すと、一種問題行動の原因がこれら強迫性障害と思われる事例が少なくないのである。

では介護議論の現状はどうだろうか。強迫性障害は現在のところ、一言も論じられていない。これは大問題をはるかに超えた。超問題である。

認知症と強迫性障害・その2

私が特別養護老人ホームに入職して、特養からケアハウスに配置転換になって、暫くした頃だった。一枚の回状が、デイサービスからケアハウス事務所に回って来た。福川さん(仮名・男性)という方が、デイサービスを利用されることになったという。認知症が顕著で徘徊が激しく、デイサービスのフロアを抜け出して、他の部所まで行ってしまうとのことだった。上肢下肢に問題はなく、食事、排泄も自立の方だった。

回って来た回状は、「この人に注意」とまるで指名手配だった。但し写真は、他の職員と記念写真風に写っていた。聞くところによると、事務所横の職員通用口付近で発見されて、あやうく離棟されるところだったとか、エレベーターを使って二階三階の入所棟に行っていたとかである。私のケアハウスの方には、幸いなことにまだ来たことがなかった。

ある時ケアハウスにデイサービスから応援業務を頼まれて、私が赴くことになった。この時私は、初めて福川さんと対面した。ニコニコとして発語も旺盛で、とても大問題行動を引き起こす人に見えなかった。

デイの介護主任から福川さんの注意点を聞いて見守った。だが少しして福川さんの姿が見えなくなり、デイの入り口を出た所でつかまえた。私は福川さんに声をかけた。

「どこへ行かれるのですか」。

するとと福川さんは
「家へ帰る」。

帰宅願望が原因のようだった。だが帰宅願望にもいろいろな理由がある。

「家へ帰って、何をなされるのですか」。

すると福川さんは、モジモジして言葉を返さない。どうも表現しにくい理由のようである。ひょっとしたらとひらめいたのが、一連の強迫性障害の軽症事例であった。

「家のドアノブをガチャガチャとやってみたいとか、そういうことですか」。

すると福川さんは、

「そう、そう、そう」

と表情が明るくなって、そうおっしゃった。

私のひらめきは図星だった。私もよくやる行動なのでひらめきやすかったのだが、ならばその後の対応はやりやすかった。

「やっぱりそうでしたか。私もよくやりますが、心配なことですねえ。福川さんのお気持ちはご理解申し上げます。けど福川さんのお家の施錠管理は、我々が全責任を持っております。どうぞお気を楽にお過ごし下さい」。

このやりとりの後、福川さんの重大な徘徊や離棟行為がピタッとおさまったことは特筆すべきである。大問題行動の原因理由は、ほんの些細な強迫観念だった。だがデイの介護主任も他の職員も、「福川さんは落ち着いた」と言うだけで、その原因理由を追及しようとしないところが、何とも言えなかった。

福川さんは、持ち前の明るさでデイサービスを過ごすようになった。この方はお餅の大好きな方のようで、年末の施設のお餅つき大会の話を聞きつけると、ウキウキして過ごされるようになったという。

さてそのお餅つき大会当日、福川さんは、「お餅のことなら、何でも聞いてくれ」と言わんばかりに振る舞っていた。この方にも杵を持って、餅をついてもらった。ほとんどひと臼を一人でつき終えるぐらいの体力の持ち主だった。認知症がなければ、とても要介護老人ではない。

蒸した餅米を臼に移して、最初に杵の先でこねることを「半殺し」と言う。私がこれを言うと、福川さんは、

「そうや、そうや。アンタよう知っとるやないか」

と、エラく褒めて下さるのである。

　認知症行動には、強迫性障害がかなり関係している。私はある精神医学の講習会に参加して、質問コーナーで問うてみた。やはりそうだった。精神医学の学会は、認知症行動に強迫性障害が関係している。かなりの数の事例を把握しているようだった。だが如何んせん畑違いの議論で、認知症ケアにアプローチして行けないようなのだ。

　私が認知症棟に勤務していた時、ある問題入所者の女性がいた。歩行不安定なのに、立ち上がろうとするため、見守り必要という。私はこの現場を観察した。問題の方の近くは車椅子使用の方ばかりだった。独歩で椅子使用の方は、遠くのカウンターに居た。この女性は自分もそちらに行かなければと思ったのだ。

「ここに居て下さってけっこうです。誰も咎めませんから。安心して下さい」

と説明すると、女性は安堵の表情になって、その後立上がり行動はなくなって行った。

　介護福祉士の私でも、かなりの強迫性障害と思われる事例を把握している。認知症ケアの議論は、未だ現場の有効な解決事例の報告がなされていないのではないだろうか。

先制本塁打

私は平成十年六月に老人保健施設一般棟に入職し、四年十箇月の継続勤務の末、平成十五年四月に認知症棟に配置転換となった。他の職員はもっと頻繁に配置転換をもらっているのに、である。どうやら人事を担当する介護長が忘れていたらしいのである。私は趣味と実益を兼ねてレクリエーションで「落語」をやっていた。それは一般棟でも認知症棟でも、デイケアでもグループホームでも、利用者に大好評だった。その落語をやっている私を介護長は、本当に馬鹿だと思っていたようなのだ。信じられないが、本当の話である。

その認知症棟に赴いた時、早速にアルツハイマー型認知症の重症例といわれる人がいた。吉村さん（仮名・女性）という方だった。上肢下肢に問題はない。食事は自立。入浴も普通浴。排泄は昼間はトイレ定時誘導でパットチェック。夜間はオムツで定時交換。

このトイレ誘導の時が凄いらしいのである。認知症棟就任初日、まずトイレ誘導の時間を迎えた。要領のわからない私は、とりあえず吉村さんに声かけした。それを他の職員が、

「中西さん、その方はアナタではとても無理です」

と言うのである。就任二日目、

「では中西さん、吉村さんがどんなに凄いか、まずは見学してもらいましょうか」

と、ドエライ事が起こるんだゾと言わんばかりの口調である。聞けば介護職員三人がかりの介助という。なるほど介助職員を手でかきむしる。手を押さえれば、足で蹴る。足を押さえれば、ツバを吐く。何とかトイレまで連れて行っても、ズボンを下ろすのも便座に座らせるのも、まるで乱闘である。

「ねえ、凄いでしょう」

と言う三人の介助職員の吉村さんを見下したような表情を、私は見逃さなかった。

三日目、私は一人で吉村さんに声かけした。

「吉村さん、トイレに参りましょう」。

するとき吉村さんは頬杖をついたまま、

「けっこうですッ！」

とおっしゃる。私は続けた。

「よろしいのですか。けどおシモの方が汚れていらっしゃるかも知れませんねえ。一度見せて下さい。私共に遠慮は無用でございます。吉村さんをお世話するために、参っております。いかがですか吉村さん。トイレ参りましょう」。

この言葉で吉村さんは、

「そうですか。悪いですすねえ」

と言葉を発して、自ら席を立った。

「トイレ行かれますか。けっこうでございます。私がご案内いたします。こちらでございます」

というわけで、一人介助成功。他の職員に自慢する気は毛頭ないが、私の認知症ケアを野球にたとえるならば、プレーボールの第一球をレフトスタンドに持って行ったと、それくらいの自己評価をしている。表題は、そういう意味である。

他の職員たちは、こうだった。

「吉村さん、トイレ行こうかァ」。

これはいけない。こんな馴れ合い言葉を使われて、気のいいお年寄りはひとりもいない。介護概論の先生は、介護現場で使う言葉は原則として敬語であると教えたが、いや原則以上である。いやいや必須である。

次に吉村さんの、「けっこうですッ!」という言葉である。いかにも介助拒否に聞こえるのである。だが私はこの言葉を聞き逃さなかった。「けっこうです」つまりは丁重な断わりの言葉だった。であるから私の「私共に遠慮は無用です」の言葉が実に有効的だった。

他の職員たちは吉村さんの言葉を受けて、

「吉村さん、トイレ行くよォ」

と言って、無理矢理体を引っ張っていた。これでは吉村さんが怒るのは当り前である。かきむしりも、蹴りも、ツバ吐きも、当然の反撃行動だった。だが介護士たちは、アルツハイマー型認知症から来る暴力行為と説明した。介護士の不遜行為が原因なのは明らかなのに、その「明らかに」が、明らかにと映っていないのである。

私は考えた。いや、今も考えている。アルツハイマー型認知症だから暴力行為が出るという現行の認知症ケアの議論が、果たして本当に議論として成立するのであろうか。脳に原因疾患があったとしても、それがどのような場合にどのような行動言動を引き起こすか、具体性がない。今回の吉村さんの暴力行為は、明らかに介護の不備から来たものだった。それらと疾患との関連の議論がなされていないのである。介護士の不遜行為に対し、なぜ直ちにかきむしりや蹴りの行動が出るかが、このケースのケアの焦点なのである。

私の吉村さんケアの成功の後、一週間ほどして、どの職員が声かけしても一人介助出来るようになった。ひとつの信頼が次の信頼を呼び起こした好例である。この「信頼される介護」こそ、私が四年十箇月の間一般棟で培った介護のノウハウである。

吉村さんに対する見下しの表情も、当の吉村さんとてそれを見逃してはいないはずである。そんな有様で、吉村さんケアが成功するだろうか。介助拒否や暴力行為があるといって、それを当事者に対する見下しの材料にする介護士は案外多い。「お年寄りは幼児に帰る」という言葉がある。当のお年寄りがそんな気分になることは、私はケアハウスで経験した。だがこれは、介護理論では絶対ない。認知症ケアは、まず当人に信頼されなければ成功しない。その根幹となるものは、お年寄りに対する基本的全般的な対人的臨み方、すなわち一般棟ケアにあるのである。

私は認知症棟勤務わずか九箇月で、再び一般棟に配置転換となった。一般棟の介護主任が、「中西さんには、早く一般棟に帰って来てほしいと言ったようなのだ。

相互理解

平成十七年七月十一日、私はある老人保健施設の認知症棟に入職し、同年九月三十日に解雇された。なぜ試用期間でクビになったか。その理由は、所属長である介護主任の個人的好き嫌いであった。これは信じてもらうしかない。本当の話なのだから。

この介護主任は自分に気の合う人間だけで、ワンフロアの介護チームを作りたかったようだ。そのため私以前にも何人かの新人職員を、試用期間三箇月で切っていたらしい。私が退職になったことを同僚職員に告げると、

「あーあ、中西さんもか」

と、呆れ顔でつぶやいた。

ではこの介護主任、自分に気の合う人間だけ揃えて、あらゆる個性の入所者お年寄り軍団にどう向き合うつもりだったのだろう。お手並みをぜひ拝見したいところだった。

この身はどんな境遇におかれようとも、フロアに出れば、今日も力一杯精一杯の介護をせねばならない。認知症棟はトイレの定時誘導の人数が多いのは、どこも同じのようだ。

桜田さん（仮名・女性）はアルツハイマー型認知症。歩行は独歩で杖も使用していない。だが不安定である。昼間はテーブルに座ったきりで動かないので、足の筋力も関節機能も落ちて来ているようだ。食事は自立。入浴も普通浴。排泄は、昼間はトイレ定時誘導。夜間はと言うと、この施設で私は夜勤をやらなかったので、わからない。

最初この桜田さんにトイレの声かけをした。

「桜田さん、トイレ参られますか」。

すると、「ウオー」という猛獣が吠えるような声と、両手で私を突き飛ばすようにして拒否された。女性だが、相当に強い腕力であったことを覚えている。

聞けばこの桜田さんは、介助拒否と暴力行為で、トイレ誘導二人介助だそうだ。この桜田さんを含め、トイレ二人介助者は四人ほどいた。介助職員二人がかりで腕や体を引っ張ってトイレまで連れて行き、一人が腕や体を押さえつけて一人がズボンを下し、二人がかりで便座に座らせる。どこの施設にもある光景である。

これが午前十時のトイレ誘導時の出来事であった。次は昼食後の午後二時のトイレ誘導であった。だが今度も私は応援を頼むことなく、懲りずに一人で声をかけた。

「桜田さん、トイレはいかがですか。先ほどは、私じゃお嫌でしたねえ。今度もお嫌ですか。それとも今度は参られますか」。

こんな言葉が本人を前にして、自然と出た。アルツハイマー型認知症とわかっていてもである。そこで桜田さんの目を見ると、前回暴言と暴力で拒否したことを覚えておられる様子が察せられた。ならばと私は、それを笑顔で受け止めてあげた。するとどうなっただろう。桜田さんは拒否なく、自分で席から立ち上がったのである。

「トイレ行かれますか。けっこうでございます。私がご案内いたします。こちらでございます」

といってトイレ誘導。ズボン下しもパット交換も、清拭も排尿観察もすべて一人で行えた。新人職員、堂々一人介助成功であった。

この調子で他三名の要二人介助者も、次々と一人介助に成功して行った。その様子を見て一人の女性先輩職員が、

「中西さんのファンが増えよるね」

などと言っていた。

成功したのはトイレだけではない。桜田さんは入浴の着脱介助も、例の「ウオー」で拒否していた。そのため止むを得ず、キーパーソンである。ご主人にわざわざ来所願い、着脱介助をお願いしていた。ほどなくその必要もなくなり、職員で行えるようになった。

ある時、桜田さんは珍しく歩いていた。足が少し心許無い。

「桜田さん、どこへ行かれるのですか。お歩きになるとは珍しいですねえ。そんなお足で大丈夫ですか」

と声をかけると、無表情ながら、

「大丈夫ですよ」

と、ボソッと言われる。こんなコミュニケーションも出来るようになっていた。

出会ったお年寄りが少しでも幸せを感じて下さったのなら、それでいい。私は九月三十日解雇を、甘んじて受け入れた。

身はたとい、二箇月と二十日でクビになっても、かけがえのない介護体験はするものである。

再び求職の身となったが、「捨てる神あれば拾う神」とは良く言ったものである。この後、さらにさらにかけがえのない介護体験をする特別養護老人ホームに入職することが出来たのである。

「幸せ」とは、自分の体と心で見つけに行くものである。そんな介護職員に介護されるお年寄りこそ、幸せなのではあるまいか。

敬語と方言と

平成六年四月、私は三十五歳で大阪市内の老人介護の専門学校に入学した。早い話、入り直したのである。十年半勤めた父親の婦人服製造会社は、全面破産で廃業。この時私は服飾品裁断の現場労働にいた。腕に確かな技術はあった。だが好不況の波を受けやすいアパレル業界に居残るいもりは全くなかった。

何となく自分は老人介護に向いているのではないかと、かなり苦しまぎれの動機だった。それが後年、天職と言い切れるものになるのだから、人の運命とはわからないものである。

専門学校の教科の一つに介護概論があった。その先生は、介護で使用する言葉は基本的に敬語であると述べた。この時の私には、この議論に少々の違和感があった。個人的に好き嫌いがあるんじゃないのか。生活歴によっても違うんじゃないかと。学校のカリキュラムで、大阪府八尾市の特養に施設見学に赴いた。担当の生活相談員の説明も、言葉の基本は敬語であると述べた。私が「好き嫌いがあるのでは」と質問すると、「ハイ、嫌がる人もいます」との回答だった。

実習生として三箇所の特養にお世話になった。この時も基本は敬語を使ったが、馴れ合い言葉になってしまうこともあった。一つだけ、大阪府四條畷市内の特養で実習した時、ある男性の方に馴れ合い言葉を使ったら、怒鳴り返されたことは、心に留め置いた。

平成十年六月一日開設の老人保健施設に一般棟職員として入職した。初めての入所者の男性を迎えた時、迷いは消えた。正職員として、施設の信用確立の一員として、はっきり思った。介護現場で使用する言葉は、敬語であると。いや、敬語に限ると。いやいや、敬語以外考えられないと。

認知症棟の職員になって、入所して来られたのが、鯨井さん（仮名・女性）という方だった。アルツハイマー型認知症だが、上肢下肢に問題はない。食事・排泄も自立。入浴も普通浴。物忘れのほかに、暴言や暴力行為があるということだった。

鯨井さんは無愛想で、全く笑わなかった。他の入所者との会話もないようだった。だがその無愛想の向こうに、「何か」を感じさせる人だった。その「何か」とは何か。ひょっとしてこの鯨井さん、「面白好き」なんじゃないかな。

ある昼食配膳の時だった。私が配膳して、

「鯨井さん、お待ちでした。お昼御飯でございます。お召し上り下さい」。

鯨井さんは例の無愛想で私をにらみつけている。ならばと私は続けた。

「鯨井さんのために、早速にお持ち致しました。本日の御料理並びに、私共の誠意と熱意をご賞味ください」。

鯨井さんはにらみ続けている。ここで私は、

「早よ、食たらエエねや」。

ここで鯨井さんは、大笑いしてくれた。鯨井さんだけではない。同テーブルの三名の方も大受けしてくれた。

「心得とるんじゃろが」

「ワタシはヒジョーに忙しい」

と言葉を重ねて、大受けは続いた。

ここは深く、より深く考えたい。鯨井さんは敬語より方言を好むと考えるのは、とんでもない早とちりである。私にしっかりと敬語が話せるという十分な信頼があったからこそ、受けた方言であったのである。

明るく楽しい施設を作ろうと思えば、それは「信頼」の根幹がなくてはならない。だが介護議論に、この「信頼」が未だに議論されないのが妙である。どうやら議論の有識者は、本当に心から喜んでもらえた施設の実例を、まだ把握していないようなのである。

明朗快活な子を介護職員に採用すれば、お年寄りは明るく元気になると思っている管理

職が未だにいるようだが、それは違う。お年寄りを明るく元気にするには、職員個々が信頼されるかどうかである。個としての信頼。加えて「技術」の信頼。この技術の第一が敬語であると私は思う。そしてこの信頼の集まりが、根幹たる信頼を生むのである。

介護現場で敬語をと主張すると反論される。

「敬語ばかりでは、硬くなりすぎる」。

「方言も大切である」。

敬語を硬いと感じるお年寄りは、まずいない。方言にしても、ではケアワーカーたちは、しっかりとした方言を話せているだろうか。

「御飯持って来たよォ」。

「オムツ換えるよォ」。

「お風呂行こうかァ」。

これらは方言ではない。なぜならば、日本全国の介護現場で出回っている。つまりは馴れ合い言葉である。

東京弁でも、「御飯持って来たヨォ」とはならないはずである。

「御飯持って来たよ。今日のは美味しいよ。どうしたんだい。早くお上りよ」となるはずである。

それにしても鯨井さん、何かひっかかりを感じる人だった。

戸坂（仮名・女性）という人がいた。この方は、お膳ごと盗食するので有名な方だった。ある時それを咎めたら、

「お兄ちゃん、何言うてんのん。これアタシのお膳やんか」。

白々しいことをおっしゃいますなと、お皿で頭を叩く真似をしたら、戸坂さんも受けたが、鯨井さんも遠くのテーブルで受けていた。他人がドツカレているのを見て喜ぶとは、あまりお行儀のいい面白好きではない。せっかくいいものを持っている人なのだから、もう少し生きてほしいと思える人だった。

鯨井さんと私と、どんな人間関係が作れるだろうと思いをめぐらすうち、私は一般棟に配置転換となってしまった。久し振りに訪れた認知症棟で、鯨井さんは私の顔を忘れていた。少し悲しかった。

性を生きる

　毎年年末に流行語大賞が決まることが恒例になっている。話は飛ぶが昭和四十五年、大阪万博の年である。この当時大賞云々をやっていたかどうか記憶にないが、この年の流行語句が「ウーマンリブ」であった。

　女性解放運動が本格的に日本に上陸したと言われた年で、女性の社会意識に一気に火が付いた。同時にフリーセックスの意識にも、一気に火が付いた。結果起こったのが、昭和四十六、七、八年頃の、コインロッカー嬰児死体遺棄事件であった。

　この頃の女性像を落語家の笑福亭仁鶴師が敬語のマクラで茶化していた。私の記憶が正しければ、昭和四十八年のテレビ番組である。

「昔の花嫁さんは、三三九度の盃を持つ手が震えてまっさかいなあ。口で飲まんと、全部目で飲んだ。その点今の花嫁さんは違いまっせえ。『エッ！　こんな小さいのんでやんのん。そうかて、こんなん酔わへんやん。ドンブリ鉢無いのん』。いろんなこと言うたりなんかして……」。

仁鶴師が揶揄した、いわば解放世代である。

その一方で、昭和五十年（これも私の記憶が正しければ）、ある殺人事件がテレビのワイド番組で報じられた。結納を済ませたカップルがたまたま部屋で二人きりになった時、男性の方が求めたくなってしまった。それを女性が「私、結婚するまではキレイで居たいのよ」と拒んだ。それを聞いて動転した男性が、女性を絞殺してしまった。

フリーセックスに火が付く一方で、結婚するまではキレイでいたいという観念も、まだ生きていた。フリーセックスか貞操か。葛藤の狭間を生きた世代が、今や七十歳台である。

私の同級生が高校三年の時、同級生の女の子と二人きりになった高校の図書館で、初体験をやったそうだ。

「女の子の方が、持っとったよ」

と、男は言った。昭和五十年代初頭、すでに女子高校生は避妊具持参で学校に行っていた。そんな世代も、もう六十歳である。

性意識は時代観念に揺り動かされることが多い。だがくれぐれも「性」はしっかり生きたいものである。

そんなことを思わせてくれたのが、老人保健施設一般棟にショートステイ利用して来た菊井さん（仮名・女性）だった。外傷性脳障害で、左半身不全麻痺で車椅子使用。自操は可能。食事、排泄は自立。入浴は、着脱、洗体半介助で特殊浴使用。その菊井さんが、四十九歳の方だった。老健なので、こんな利用者も受け入れることになっていた。

困ったのは、入浴介助である。介護主任の判断で、特別に時間を設けて行うことになった。介助職員を一名置き、それは本人に指名してもらうことにしたそうだ。その指名された職員が、私だったのである。

「あのう、中西は男性職員ですよ」

と介護主任は問い返したが、菊井さんは、それでいいと言う。

さて、介助の浴室に臨んで私は、

「本当に男の私でいいんですか」

と何度も確認したが、菊井さんは、

「いえいえ中西さん、よろしくお願いします」

と、ヒマワリの大輪咲きのような笑顔でおっしゃるのである。この時私、四十一歳だった。介助をしていて、私は思った。この方は性をしっかりと、存分に生きた人なんだと。立派な人だと、いや、徳な人だと思った。

老人介護には笑顔が大切という。では笑顔の失われやすい人とはどんな人か。第二位は、不都合があれば、なんでもかんでも他人の所為にする人。こういう人は常にブスッとした表情で生きている。そして第一位は、性をしっかりと生きていない人である。性を表現することは難しい。一介の介護福祉士には、とても無理である。それくらいスケールの大きい、すべての根幹なのである。

私は四十歳でクラシックバレエを始めた。ある時のレッスンで、私はトウシューズを履いた女子大生とレッスンフロアで一緒になった。その姿を見て、私は心にときめいた。「苦しい人生を頑張って生きて来て、本当に良かったなあ」と。

バレエというのはそれぐらいエロチックなのである。エロスというとすぐに、不潔な物だと思ったり、涎を垂らす人が日本人には多いと聞くが、そうではない。エロスとは、人に生きるエネルギーを与えるものなのである。

足も脚も立派なセックスシンボルである。それをコスチュームで強調し、男女の性愛の喜びを存分に表現した、バレエという舞台芸術。それを高尚な趣味などと言ったどこかの都市の「ざあます奥様」は、確かに過去の世代の人となったが絶滅したわけでもあるまい。

殿方も注意が必要である。過剰な買春行動は、時々欧米から非難を浴びている。ある欧米人が「日本人はセックスアニマルだ」と言ったら、それを「日本人はやりまくる」と褒め言葉に受け取った殿方がいたそうだが、バカも休み休みに言ってほしい。日本人は性の文化的な捉え方が下手だという意味である。

お年寄りに性をしっかりと生きてもらう。これは大きな課題である。だがこれも、有識者の議論が聞こえて来ないのが、あまりにも悲しい。性とはあくまで人と人との信頼の上に成り立つものである。信頼をしっかりと確立させた上で、私は走って走って走り回る介護を実践した。このボディーランゲージこそが、最高のコミュニケーションであり、エロスの提供であり、性を生きて頂くものであると私は学んだ。そして私自身も、お年寄りから性を生きさせてもらったのである。老人介護十八年間における私の人間的成長が、実はここにあったのではあるまいか。

菊井さんを介護したことは、むしろ私の方が救われた。あの方の施設内における笑顔と振る舞いを、私は忘れない。

プレッシャー

その昔、特別養護老人ホームでは収容人員を二つのフロアに分けて、階下に重度要介護棟、階上に軽度要介護棟にしている施設が多かったようだ。後発の老人保健施設では、一般棟と認知症棟に分けていた。これにならってか、昨今では特養でも一般棟と認知症棟に分ける施設が多くなったようだ。

では、その一般棟入所と認知症棟入所の判断基準は?。物忘れの他に暴言や暴力行為のあるお年寄りは、認知症棟入所になることにほぼ決まっているようだ。

老人保健施設に入所した橋上さん(仮名・女性)は、多少の物忘れがあったが、暴言や暴力行為がないということで、一般棟に暫定入所となった。もし物忘れがひどくて一般棟療養が不可能と判断されれば、直ちに認知症棟転棟ということだった。

橋上さんは入所当初は杖歩行だったが、あまりにも不安定なので、家族に依頼してシルバーカーを購入してもらうことになった。問題は、橋上さんがそれをしっかりと使いこなせるかどうかにあった。

案の定、橋上さんはシルバーカー使用に要領を得なかった。介護主任は、

「橋上さん、今日からこのシルバーカー使ってねェ」

などと声かけしていた。

「橋上さん、言ったでしょ。歩く時はシルバーカー使わないとダメよッ」

と、叱責口調のケアワーカーもいた。

だがまてよ。橋上さんはお人好しで気の弱そうな方だ。こんな方に物事を勧誘する時は、教える物腰から配慮が必要ではないか。だいいち介護主任は、シルバーカーの使い方をちゃんと教えたのだろうか。

私の見た通り橋上さんは、シルバーカーのことが何もわかっていなかった。

「これは橋上さんの歩くのを補助する道具ですからね。この真上のハンドルを両手で持って、この向きに押して歩いて下さい。歩く方向を変える時は、前の車輪が向きを変えてくれますから、こう使って下さい」。

実際廊下に出て教えると、橋上さんはすぐに使い方を覚えた。

「これからは、外を歩く時はこれを使って下さいね」。

このシルバーカーには、補助器具としてブレーキが付いていた。橋上さんはこれを理解するのが、最も難儀のようだった。そこで、「引くとブレーキ」、「押すとスタート」とテー

プに打ち込んで、ブレーキレバーの所に貼ってあげた。すると自分の口で暗唱しながら、どうにか使えるようになった。

介護器材を使いこなせるようになるのに、これほど根気の必要な人もいるということである。だがそれ以上に、人間の脳はプレッシャーなど心的要因によって、知能指数が突発的に低下することを知っているかである。私はＮＨＫの科学番組を見て知っていた。だからすぐ橋上さんに応用できた。受け手がおびえるような押し付け口調で教えておいて、覚えられなければ、「やっぱり忘れている。認知症だ」では、地獄から閻魔大王も乗り込んで来そうな話である。

橋上さんには、こんな行動もあった。この一般棟では、各居室にひとつずつトイレが設けてあった。ちなみに階上の認知症棟では、居室にひとつずつではなく、二ヶ所にまとめてあった。橋上さんは居室トイレに行く時は、不自由そうに独歩で歩いていた。我々ケアワーカーは、「外」を歩く時はシルバーカーを、と教えていた。橋上さんにとって居室トイレは、「内」向きの所用だったのだ。

「橋上さん、大丈夫でしたか。外だけでなく、トイレなどベッドから離れる時は、シルバーカーを使って下さいね」

と再度説明すると、

「ああ、そうやったんですか。スミマセン」

と、すぐ理解して下さった。こんな場合でも、「シルバーカーを使うのを忘れている。認知症だ」と見るケアワーカーは多い。

高梨さん（仮名・男性）も橋上さん同様の事由で一般棟暫定入所となった人だ。この人は車椅子だったが、それの使い方がよく飲み込めない様子だった。ある夜勤の時、トイレに行こうとしているのを見つけて、車椅子の使い方を丁寧に教えた。用を足し終えて、

「あーっ、やっと出来た」

と安堵の声を発した。この人も施設生活そのものへのプレッシャーから、生活動作が上手く出来ない人なのだ。だが高梨さんの場合は、その後も要領を得ない所を介護主任が物忘れと見做して、認知症棟転棟となった。もう少し見てあげられないものかと、私は思った。

同じ接し方をしても、プレッシャーを感じない受け手と感じる受け手がある。それによる異なる結果をどう判断するか。介護やケアマネジメントの難しさがここにもある。

ならず者人生

ギャンブル依存症が「病気」として広く社会に認知されるようになって、どれくらいになるのだろうか。まだ年数は浅いと思う。私はギャンブルをやらないのでわからないが、依存症で身を持ち崩している人の心境はいかがなものか。昔は「よた者」とか「ならず者」とか言われていた。ちなみにアルコール依存症の方も、今は病気として専門治療が行われている。こちらの方も昔は「飲んだくれ」と言って蔑まれて来た。

開設間もない老人保健施設に入所して来たのが池井さん（仮名・男性）だった。車椅子生活で、歩行は不可。尿意・便意はあり、口頭にて訴え、トイレにて介助。但しベッドサイドにては、ポータブルトイレにて自立可能。食事は自立。入浴は着脱洗体介助で特殊浴。

この方は長男夫婦の送迎で入所して来られたが、最初に困ったのが、暴言というよりは雑言だった。送って来た長男夫婦がろくに挨拶もせずに帰ってしまったと、大声で怒鳴り始めたのである。明確な根拠のある言論行動と私にはわかったが、まずはケアスタッフがなだめるのに一汗かかされてしまった。あまりに暴言がひどいと、介護主任が認知症棟転棟を考えたほどだった。

だが、根拠のある行動なのだから、ここはまず解決策を講じるべきである。数日後面会に来所した長男の嫁氏に、池井さんの立腹の様子を口頭で伝えた。すると嫁氏は、

「これから長い療養生活になるのだから、里心をつかせないように、挨拶はそこそこにして帰宅しました」

と、即妙に答えたのが妙であった。この女性は、市内の福祉事務所でケースワーカーをしているということだった。だが私はこの方の無反省ぶりに、少し苦笑してしまった。どんな立派なケースワーキングが出来ているのか、お手並みを拝見してみたいとも思った。

その後も池井さんの立腹は続いた。ある晴天の昼食前、池井さんは、

「施設の裏手の木にロープをかけて、首を吊って自殺してやる」

と大声で言った。それに対して私は、

「ここの施設、あんまり枝振りのエエ木はおまへんのや。まあ、止めときなはれ」

と言葉を返した。これが利いたのだろうか、程なくして池井さんの立腹がおさまったのだ。

この後池井さんと私との関係は良くなり、そしてである。博打の話をさかんにしてくれるようになった。聞くところによると、若い頃は神戸・新開地の路地裏で、輪投げ賭博を学習的にやっていたという。勝った時の景品で煙草の銘柄を、「リリーが七銭。何が八銭、

九銭」などと教えてくれた。遊戯中に憲兵に踏み込まれて、なまじ逃げるとヤバいと思って、映画の看板を見る振りをした。詰問されて、「へえ？　ワシ知りまへんで」と答えたら、許してもらった。逃げたヤツはみんな捕まった。そんな話がとても面白いのである。

　しかし池井さん自身は、妻を娶り子を成し、成人させ結婚もさせた立派な父親である。加えて池井さん自身も面白好きである。ある時数人の職員が介助のやりとりをしていた。

「向こうで、何ヤイヤイ言うとんねん」

など、言葉ひとつひとつが聞いていてとても面白いのである。

　他の入所者とのコミュニケーションも良くなって来た。食事の時、あまり食が進まない同テーブルの者がいた。

「アンタしっかり食べなはれよ」

と、言葉や仕草も丁寧だった。その他の同テーブル者も、笑顔で話しかけていた。

　山好さん（仮名・女性）というショートステイの方がいた。介護上の問題はない。シルバーカーを押して歩かれる。この方は、八十歳を過ぎるまで、塾の講師をしていたという経歴の持ち主である。俳句が好きで、施設内の句会にはいつも参加していた。

　ある時、この山好さんと池井さんが、とても打ち解けて話し込んでおられたのを見かけたのは、我が意を得た思いだった。妙な値打ちをつけるつもりはないが、共に施設に対して高い信頼があったからこそ成り得た、良好なコミュニケーションだった。

約九ヶ月後退所が決まった時は、「大変にお世話になりました」と、紳士かむしろ聖者のような面持ちでおっしゃるのだった。

入所して早速に怒鳴り声を張り上げた池井さん。こんな事があれば、以後も同じ色眼鏡で見続けるケアワーカーは多い。「池井さんは時々暴言があります」などと、新入職員にガイダンスする先輩職員もいた。

体が衰え続ける老人にも、発達課題はあるそうだ。「体は衰えても、人格と精神は発達し続ける」という議論が報道されたのは、平成十四年のことだ。ではそれを達成するために、介護現場はどうあるべきか。もっと光を当てて議論せねばならぬ課題である。

お年寄りに説教?

老人介護職員というのは、自分を何様だと思っているのか。施設利用のお年寄りの気持ちを代弁すれば、右のような言葉が浮かぶ場面がけっこうあるのである。

介護職員と立場がつけば、お年寄りを叱ったり説教出来ると思っている職員が多いのもその一つである。老人は幼児・赤子に帰ると、論法としてそれを振りかざす向きは多い。

赤塚さん（仮名・男性）は、下肢筋力の低下により車椅子生活となり、老人保健施設入所となった。独歩は不可。食事は自立。トイレは、手すりなどの介護器材を使って車椅子自立可能。入浴は、着脱介助、洗体半介助、特殊浴使用である。

だがこの赤塚さんには、慢性腰痛の持病があったようだ。だがこれは、事前の調査書や報告書には記載されていなかった。

赤塚さんの行動を観察すれば、こうだ。入所して二、三日目で、早速に腰痛が出たようだった。食事、入浴、排泄以外は、自室に籠るようになった。レクリエーション参加の声かけにも応じず、ほどなくして処方されたリハビリテーションメニューにも、拒否の意向を伝えておられた。

この行動がぼつぼつ詰所内で問題になり始めた頃、腰痛がおさまったようなのだ。理学療法士や作業療法士の声かけには直ちに応じて、リハビリに励むようになった。レクリェーションの方は、子供じみたレク（風船バレーとか）にはあまり興味がなかったようだ。

こうして療養生活に頑張っているうち、腰痛が再発したようなのだ。再び引き籠るようになった。詰所内でも再び問題となり始めた。私が「腰痛があるようなのです」と説明しても、カルテや事前調査書類にない項目は、主任や他のケアワーカーたちは取り合ってくれない所が、なんともはやである。

さて、そこで登場したのが、大村（仮名）という女性職員だった。この職員、赤塚さんの行状にたまりかねた（のかどうか）のように、説教に乗り出したのだった。

二度か三度、赤塚さんのベッドサイドに出向いて、懇懇と（と言えるかどうか）説教したようだ。どんなことを説いたかはくわしくは聞いていないが、彼女のその後の言動から推測すれば、

「一日中寝てて、体が動かなくなったらどうするの」

「しっかりリハビリして、在宅復帰に努めなければダメでしょう」。

おそらくこんなことを言ったのだろう。

そもそもこの大村職員は、赤塚さんが腰痛がおさまれば積極的に療養生活をしていたことを、ちゃんと斟酌して話しているのか。そしてこの職員は、この職場内において他人を説教できる建て前があるのだろうか。彼女は入所のお年寄りに対して、敬語は全く使っていなかった。ナースコール対応や食事配膳も、キビキビテキパキと褒められたものではなかった。私も一度この職員の説教シーンを横目に見たが、同僚職員の行為を、悪いと指摘出来ないのである。ケアスタッフは円満に共同作業を遂行するのが理想である。この施設の職員さんたちは仲が良いとすでに評されたそれに、風穴を開けられないのである。

たびたびのこの大村職員の行動にたまりかねたのか、赤塚さんは次のような行動に出た。

「ごっついチチしとって、イケズ言うな」

と、大村職員の胸をさわったのであった。赤塚さんは、これで「手打ち」か「痛み分け」のつもりだったのだろう。だがカルテや介護計画書類には、「セクハラ行為あり」と書かれてしまった。

たびたび面会に来る赤塚さんの息子氏は、明るい表情でハキハキ話す好男子である。赤塚さん本人も、地味ではあるが紳士である。そんな人が、接する側の不備から出た事柄をまして「セクハラ事件」とされるのなら、もはやこれは人権問題である。

組織にはある程度自浄作用があり、特に大きな問題と見做されなかったものは表面には出ない。今回の問題も、赤塚さん退所時に他の病院や施設に情報としては送られなかったようだ。だが一歩間違えば、人格の尊厳にかかわる問題だった。この件に限らず、明らかに作成する側の問題と見られる情報は、介護現場を飛び交っているのである。

それにしても赤塚さんは、なぜ慢性腰痛を事前調査で申告しなかったのだろうか。それは、この程度なら自己管理出来ると判断したからだろう。赤塚さんの引き籠り行動は、氏なりの立派な積極行動だった。だがリハビリ在宅復帰を目指す老人保健施設では、「何もしようとしない」は問題行動として早速に吊し上げて来る。自身に対する判断が結果的に寝覚めの悪い事になってしまった赤塚さんの心境は、いかがなものか。介護情報を作成する上での問題点が、ここにもある。

問題入所者

問題入所者という言葉を当てはめることが適切かどうか、私は大いに疑問を持っている。だが施設利用をしていると、往々にして相当数のお年寄りがこんなレッテルを貼られてしまう。認知症棟では日常茶飯事である。一般棟においても、かなり存在する。

老人保健施設一般棟に入所して来た房田さん（仮名・女性）という人。この方は左片麻痺にて車椅子。歩行は不可。車椅子自操も不可。排泄は、昼間は紙パンツにてトイレ定時誘導、夜間はオムツ。食事はスプーンにて自立。入浴は特殊浴にて行う。

この方が入所した日、私は夜勤入りだった。午後四時半頃詰所に入ると、詰所内で酸素マスクをして、酸素吸入をしてもらっていた。入所して早速に胸の苦しみを訴え、看護師が緊急に対応したらしい。

房田さんの第一印象を述べると、確かに他人から良い印象で見られる人ではないようだ。あまり品行良くは生きて来なかったようだ。

果たしてである。入所後五日ほど経った頃、詰所内で房田さんに対する悪口、雑言が渦巻き始めた。それほどの問題行動があったのだろうか、私はさほど感じなかったのだが……。確かに接していると、口数多く何事が訴えて来る。夜間に尿汚染したパットを、オムツから引き抜いて捨てる行為は若干あった。

ある私の夜勤の夜、房田さんは居室からベッドを出されて、詰所の横で寝ていた。夜間帯に奇声があって、四人部屋の同室者に迷惑がかかるという、前夜勤者からの申し送りだった。入所施設では往々にしてある対処策である。この廊下ベッドの上で、オムツの当て方を細細《こまごま》と訴えられて、その都度対応したが、困り果てたことがあった。

後々のことだが、奇声のことを房田さんの同室者にたずねたら、特に気にしていないとのことだった。むしろ親しみを持った表情で房田さんを見ていた。

表題の問題入所者の話をすれば、同室者三名のうちの一人の松元さん（仮名・女性）は妙な癖のある人だった。この施設の朝食の主食は、菓子パンだった。だが摂食状況や嗜好によって、全粥への選択が可能だった。松元さんはこのパンと全粥の嗜好をコロコロと変えるのである。全粥を食べたその朝、看護師に「私やっぱりパンの方がエエから、明朝《あした》からパンに……」。パンを食べたその朝、「私やっぱりオカイさん（関西地方の方言でお粥のこと）にして……」。食事箋を担当する看護師がいい加減にキレて、問題入所者寸前の扱いを受けていた。だが松元さんは笑顔で療養生活をしていた。

話がコースアウトしてしまった。房田さんである。入所してからかなりの日数が経ったある夜勤のことだった。私は他の入所者と変わらぬ、精一杯の介護を房田さんにしていた。その時、次のような言葉を聞いた。

「気まま言《ゆ》っちょるんは、わかっちょる。気まま言っちょるんは、わかっちょるんよ。けど許して、許して、許して。アンタみたいな人居《お》らん、アンタみたいな人居らん」

と、周防大島出身の山口弁で悲愴な口調で訴えるのである。

仏教では自らの罪を認めると、懺悔と言って罪が滅ぶと言われている。ならばこの房田さんの言葉は懺悔である。信義を通せば信義で応える、礼を尽くせば礼で応えるという、お年寄りの社会観念もちゃんと習得されている。この後確かに細細《こまごま》した訴えはなくなった。車椅子自操も試みるようになった。

だがである。しかしである。ケアワーカーたちは、問題入所者という色眼鏡をはずそうとはしないのである。相変わらず呼び捨てと憎悪に満ちた対応を続けていた。私が訴えを聞いていたら、「中西さん、相変わらず房田さんが好きやのう」と、冷やかしの言葉を浴びせる女子介護職員もいた。

なぜこうなるのだろうかと考えた。これは一種の職場要領の心理なのだろうか。この入所者は時々暴力行為のある人。この人は○○な人などと、定型情報としてガイダンスされる。お年寄りが療養生活中も人格発達されていることは、ほとんど認識されていない。

房田さんは、体調急変で入院した。その後の再入所の様子を介護主任に聞くと、

「房田さんは、断わりました」。

問題行動が多いとの理由で、この施設は再入所を拒否した。この業界では、よくある話だ。だがこうしたことが回り回って施設の社会的評価を落とすことを、私より十五歳も若いこの介護主任は、わかっているのだろうか。

房田さんは見かけの印象は良くないが、深い人柄を感じさせる人だった。深い人柄とは、それだけ他人から踏み込まれ易いということなのだろうか。悲しい別れとなってしまったと、私は今も感じている。あんな懺悔の言葉を述べたお年寄りは、そうはいないからだ。

甘え下手

子育てに関する議論がかまびすしい昨今である。私はある時から、次のような事を思うようになった。甘え下手にだけは育てない方が良いのではないか。

この私は、残念ながら甘え下手に育ってしまった。私の乳児期のエピソードを、母から聞いたことがある。枕許に哺乳瓶を置いておけば、自分で飲んで、あとはスヤスヤ寝ている子だったという。手のかからない子だと、家族はすっかり安心し切っていたそうだ。

だが、発達心理学の論理からすれば、これはとんでもないことらしい。赤ん坊はまず泣き叫んで自己主張をする。それに対し、親も自己主張で返す。すなわち、面倒を見られる時はあやせば良い。そうでない時は、

「太郎ちゃん、ゴメンネ。お母さん天婦羅を揚げてるから、手が離せないの」

という具合に自分の都合を知らせる。泣き叫んでも、来てもらえる時と来てもらえない時がある。そこから他者の存在を認識し、自我を確立させて行くのである。

果たしてこの私は、大学生になった頃に自我の不確立と自己不在に大いに悩み、他者と

の社会性にさらに悩む結果となってしまった。社会人になってから参加した青年団体でも、「中西お前、そこまで他人の心がわからんでどうする」と、先輩に何度も叱責された。相手の好意をどう受け止めてよいかわからず、相手を怒らせてしまったり、赤っ恥をかいた事は幾度もあった。甘え下手は本人もつらいが、それ以上に、傍迷惑をまき散らしながら生きているようなものである。

このお年寄りもひょっとしてそうじゃないかなと思わせてくれたのが、老人保健施設でお世話をした、井之下さん（仮名・女性）である。この方は杖を使って独歩可能。但し長い距離を歩くのは不可で、食堂や入浴誘導時は車椅子使用。コミュニケーションは良好で認知症もない。但し他者とのコミュニケーションはほとんど取らず、マイペースに過ごす。自分の都合を万端に整え、車椅子に座って食堂誘導を待っている。食後も特に何を訴えるでもなく、車椅子にきちんと座っている。

ケアワーカーも手のかからない入所者だと、安心していた。だが井之下さんは転倒をして足を骨折し、入院となった。退院後再入所して来た時は、歩行不可にて常時車椅子使用となった。排泄は昼夜オムツにて定時交換。車椅子とベッドの移乗も全介助の寝たきり生活。

こうして身辺状況が大きく変わった時、井之下さんの行動言動が一変した。ちなみに井之下さんは大の寒がりだった。離床時はチョッキを二枚重ね着にし、足は膝掛けを三枚掛けてくれという。だが忙しい介護職員はそこまで手が回らない。自分の意のままにならないようになると、職員にわがまま言動が出るようになったのである。

私は当初求めに懸命に応じてあげた。お年寄りは、だがやはり妙なのである。尽くせば尽くすほど、さらに細かな用事を求めてくる。お年寄りは、信義を通せば信義で応える、礼を尽くせば礼で応えるという行動観念を持つのが常である。だが井之下さんは、自分の気の済むようにだけ他人を使っている。他者との接点を保てないのは、なるほど甘え下手である。

そんなわけで私は少し距離を置いて、「今はかまってあげられません」という対応を取ることにした。するとどうなっただろう。どの職員よりも激しい罵声を、私に浴びせるようになった。声だけでなく、手振りも出て、

「この眼鏡の男（私）、ブチ殺しちゃる」。

車椅子誘導中も私を背中にして、ブチ切れ状態の罵言雑言を浴びせる。こんな時でも笑って応対してあげるのが介護のノウハウである。他の入所者も苦笑まじりに私の方を見ている。こんな場合も笑顔で応えてあげると場が和む。

あまりの罵声のひどさに、「中西さんは入所者の接し方に問題があるのでは」と上役の介護長に勘繰られる場面もあった。こんな時も笑顔で我慢して、井之下さんを信じてあげね

ばならぬ。

ある時意を決したように私に言った。

「アンタの本性言うたろか」と井之下さん。

「はい、どうぞおっしゃって下さい」と私。

「やさしそうにしてるけど、ホンマは心の冷たい人や」。この私がそんな人間に見えますか。わかりました。井之下さんがおっしゃったこと、この私しっかりと聞いておきます」。

こんなやりとりもあった。

おやつの拒否も現れた。この老人保健施設では、三度の食事以外に三時のおやつも提供していた。井之下さんは、このおやつの時がいちばんニコニコしていた。そのおやつ誘導に声かけすると、「おやつどころじゃないよ」と拒否。本当は食べたいのに、である。無言コールもあった。ナースコールが鳴ったので訪室すると、そっぽを向いて無言。詰所に帰るとまたコール。訪室すると、また無言。本当はかまってほしいのに。

付け加えだが、手がかからない時は善良入所者に見ていた職員が、手がかかり出すと問題入所者扱いするのも、また現金である。

こんなことが一年も続いただろうか。井之下さんは体調急変で入院となり、そこで亡く

なった。死の間際に病院の看護師に、

「中西さんには世話になったので、お礼を言っておいてほしい」

と伝えたということだ。わがままを言ったことの無い人が、ようやく思い切りわがままが言えたのだろうか。少しは他人との接点が分かって来たのだろうか。今、井之下さんを思い出す時、そんないとおしさがこみ上げてくる。人を人として生きさせてあげる介護とは……。「その人らしさを大切にする介護」は現在掛け声倒れである。そのためのノウハウをいかに確立させるか。大きな課題である。

捨て科白《セリフ》

看護学校や介護の専門学校でもコミュニケーションを教えているようだが、さてどれくらいの生徒がそれを正しく理解しているのだろうか。腰を落として目の高さを同じにして、「ハイ、お話をしましょう」。これだけがコミュニケーションだと思っている生徒は、多いようである。

コミュニケーションは至る所にある。オムツ交換の時の清拭タオルの当て方。丁寧な人、大雑把な人、お年寄りはすべてを感じ取っている。食事ホールでの食事の全介助は、その介助のひと匙ひと匙を多くの方々が見ておられる。この職員さんは丁寧で信頼できるな。お世話されている人も、食べた気になっているだろう。この職員さんは乱暴で信用できないな等々、すべて受け手に伝わっている。

チンタラ歩いて作業をしているか。軽やかな足取りで働いているか。これらは視覚のみならず、足音や雰囲気で伝わってくる。すなわちコミュニケーションである。

笑顔というのも、介護の現状は浅はかな解釈がされている。たまに新聞の特集記事で、お年寄りの前に寄り添って、「やさしい笑顔」などと見出しがあったりする。はてお年寄りが日常生活の中で感じる笑顔とは、このようなものなのだろうか。

「皆さんお元気ですかァ。今日も楽しく過ごしましょうねェ」。

こんなことを声を張り上げて笑顔で言っても、果たしてお年寄りは、笑顔の素敵な職員さんだと思ってくれるだろうか。

お年寄りが本当に笑顔の素敵な介護職員さんだと思ってくれるのは、困難な介護局面に出会った時、笑顔で対応出来るかである。たとえばナースコールが複数同時に鳴った時、笑顔で対処出来るか。一所懸命に食事介助をしている時、トイレ介助を求める入所者がいたとして、笑顔で応じられるか。オムツ交換に訪室したら失禁汚染があった時、笑顔で処理できるか。レクリエーションが今ひとつ盛り上がらなかった時、笑顔でその場を締め括ることが出来るか、などなどである。

私はケアワーカーに難行を強いているのではない。受け手である要介護者の、率直な心理を述べているのである。

もう一つ大切なコミュニケーションがある。これは介護理論でどう講じられているのだろうか。そんなことを考えさせてくれたのが、高嶋さん（仮名・男性）という方だった。下肢筋力の低下で車椅子となったが、トイレは介助器材付きトイレにて車椅子で自立可能。食事は自立。入浴は半介助で特殊浴。

　この高嶋さんという方は、正直言ってあまり品行のいい方ではなかった。排尿はたまに尿器を使用していたが、軽度の前立腺肥大があった。排尿困難になると、尿器を当てがったままベッドで寝そべっていた。リハビリも面倒臭いと言って拒否することが多々あった。

　そしてこの高嶋さんは、煙草を吸っていた。老人保健施設の療養生活では、酒、煙草は禁物である。加えて開設間もない施設であったため、マニュアルが出来ていなかったのも痛かった。こうして高嶋さんと煙草を吸わせろ吸わせぬの押し問答が続いた。

　私も何度か対応したが、なだめるのに苦労した。結局、喫煙場所は詰所前、三度の食後に一本ずつで決着した。最終的には介護長である女性介護士が伝えた。介護長の強圧口調に傍の私は少々閉口したのだが、高嶋さんは、

「煙草も吸いたい時に吸えんなんて、まるで刑務所みたいやないか！」。

　これで手打ちのはずだった。だが介護長は、

「刑務所とは何ですかッ！　そんな言い方は許しませんッ！」。

　私は「まあまあまあ」と介護長の方をなだめたのだが、高嶋さんと介護長は、つかみ合い寸前になってしまった。

　介護長は、「入所者の対応は、心を鬼にして……」が口癖だった。だが彼女の場合は、心

を鬼にどころか顔つきも言葉つきもすべて鬼になっているのが大いにいけなかった。

「こんなブス職員ばっかりの施設に来るの、初めてやッ！」

と言葉を浴びたら、どう反応なさるだろうか。

「ハイハイ、ブスばっかりで申し訳ございません」

と、素直に答えられるだろうか。


捨て科白というのは、案外日常頻繁に存在する言い回しである。それにしっかりと対応するのは、立派なコミュニケーション技術である。だがそれがほとんど議論されていないのは、大変な問題である。


「介護職員《おまはんら》、自分の仕事が上手いこと行ったら、それでエエのやろ。入所者《ワシら》のことは、何も考えてへんのやろ」

と、ある男性入所者に言われたことがある。

「おっしゃる通りです。まことに相済まん事でございます」。


こう答えることが、入所者との関係を良好にすること、施設に従ってもらえるようにするノウハウであることは、感覚的にわかった。

この後、高嶋さんは品行良く療養生活をするようになった。ある夕食後、私は当番の詰所内の掃除機掛けをしていた。例によって喫煙中の高嶋さんが、エラく感心顔で私の所作を見ていたのが忘れられない。

高嶋さんは次の施設が決まったので、退所となった。その前日の最後のリハビリを、面倒臭いと言って拒否した。私が、「せっかくいい療養生活をして来られた、最後の締め括りですよ」と声をかけ直すと、笑顔で応じられた。作業療法士からいい言葉をもらったのだろう。退所当日は、快晴の秋空のような、破顔一笑の表情で帰って行った。

この後、しっかりした喫煙マニュアルで、その後の喫煙者には対応できるようになった。

それにしても高嶋さん。忘れられない出会いとお世話をした入所者のひとりとなった。

筋を通す

「死んでやるぅ」。

　入所のために施設の表玄関を通ったとたん、右のような言葉を叫んだ人がいた。他の老人保健施設から来た、森尾さん（仮名・女性）という方だった。認知症はない。下肢筋力低下で車椅子。食事は自立。入浴は、着脱、洗体半介助で特殊浴。排泄は、便意尿意共にあるため、昼夜共ベッドサイドのポータブルトイレに、ナースコールにて対応。

　この森尾さんは発語は十分の人だったが、その言動は大変厳しい方だった。

「アンタら、介護やお世話や言うてるけど、どこまで私らのこと理解してやってるんや。こんなキザミ食を食べんならん私の気持ち、ホンマに分かるんか。このキザミ食、アンタ食べてみるか」

と、スプーンを突きつけられもした。

「申し訳ございません。頂けません」

と、私は謝るしかなかった。確かに言葉の意味に、筋は通っていた。

しかしその後、森尾さんは穏やかに療養生活を送るようになった。リハビリも実に積極的に行うようになったということだった。最初はどうなることかと思った理学療法士は、ケアワーカーを絶賛した。

「皆さんが、森尾さんがわがままを言いたい気持ちを受け止めてあげたからですよ。『わがまま言っちゃ、いけませんよ』なんて叱っていたら、森尾さんはまだ、『死んでやるぅ』って言ってますよ」

と、解説付きの賛辞だった。

森尾さんは、他の入所者とも仲良く穏やかに療養生活を送っていた。しかし六箇月ほどした時、ある事が起こった。詰所に帰って来たケアワーカーたちが、「森尾さん、認知症が出ている」と言い始めたのである。確認に出向いた介護主任も、「間違いありません」と言っていた。これは森尾さん、何かやらかしよったなと、私は直感した。

ある時他氏要件で訪室すると、森尾さんは私の背後から、

「お兄ちゃん、アタシお昼ご飯食べてへんよ」

と言葉を発するのだった。百も承知の私は、

「森尾さん、わかりました。ようわかりました。しかし、もう勘弁してやって下さい。職員の不遜は、この私が詫びますから。もう、そういう事はおっしゃいませんように」。

この言葉には森尾さん本人よりも、同室者の三名の方が大笑いした。森尾さんの作為を、とうから見抜いていたのだ。

入所者は日頃の療養生活から、ストレスも感じれば、割に合わぬことも感じるだろう。職員はお年寄りよりも、実に若い。筋の通らない事もやってしまう。

老健では生活リハビリと称して、業務に使う食事用おしぼりや清拭タオルの巻き上げ作業を、入所者にやらせている所が多い。これは何を意味するか。それはお年寄りに一本を献上したことを意味する。ここで職員が気の抜けた業務を行えば、もはや筋は通らない。お年寄りの怒りとやり切れなさは必至である。

「甘えていないで、自分でやりなさい」。

時にこんな叱声が飛ぶ介護現場である。

「自分で出来ることは、自分でしましょう」

と丁寧に言ったとしても、職員自身が覇気なく惰性で生きていては、もはやその言葉を述べる資格はないのである。

森尾さんは、それら職員の不遜な振る舞いに、自虐的な形で抗議をした。認知症棟へ送るなら送ってみろ。ならばそのけじめをどうつける、といった意味も込められていた。

筋論。大義論。建前論。けじめ論。これらはお年寄りが、長い人生の間で会得して来た人間観念である。年端の行かない者には、わかりにくいかも知れない。だが高齢者ケアでは、これらは重要な要素となる。人がより良い生活意識を持つには、意識の内面の改革が重要なのである。

意識無意識

ケアワーカーとして、いろいろなお年寄りと接して行かねばならないが、やはり相性は存在する。誠心誠意の介護を提供すれば、あらゆる入所者が賞賛して下さるが、やっぱり中西さんとは合わないと、心ひそか思っていたのではあるまいかと思える方は、今思い出せば何人かいる。

老人保健施設一般棟に入所して来た長谷部さん（仮称・女性）は、入所時は浴衣姿だった。上肢下肢にリューマチがあった。杖歩行だったが、入所中に車椅子となった。食事は自立。糖尿病と胃潰瘍の既往があった。排泄は自立だったが、入所中に昼間はトイレ定時誘導、夜間はオムツに変わった。入浴は着脱洗体介助の上、特殊浴。

浴衣の件だが、これは本人からの申し入れだった。リハビリ中だけ施設指定の衣類を着用する。それ以外は浴衣で過ごしたいと。

長谷部さんのこの気持ちは、何となく分かった。私はこの時すでに、大阪府内二箇所、兵庫県内一箇所の特別養護老人ホームで、実習生を体験していた。小賢しいケアワーカーがお年寄りを子供扱いしていることに、憤りを覚えているお年寄りは数多くいた。そんな風紀に染められたくないという気持ちが、長谷部さんにはあったのだろうと思う。

だが半月ほどして、長谷部さんはこの施設着のままでいいという風に変わった。この施設なら染められてもいいと思ってくれたのだろうか。相談指導員が事前調査をした時は、頑ななイメージだったという。その変貌ぶりに指導員も目を見張っていた。

長谷部さんは、どの職員からも好かれる入所者になった。私も一所懸命お世話をして、楽しい関係を持つことが出来た。

だが何箇月か経って、長谷部さんの私に対する目が冷たくなった。人間の心には、自我と無意識が存在する。ユング心理学はそう述べている。例えば私にはどんな無意識が存在するだろう。誠心誠意あらゆるお世話をしてお年寄りから好評を得ている私である。だがそんな中で、自分の手作りを楽しんでいる傲慢な部分がある。こんな無意識は私の中に確実に存在する。こんなところを、長谷部さんは発見したのであろう。

発見された私の方は、これまで通りの介護を行うのみである。自分の無意識を、しっかり意識化して行けば良い。こうして再び長谷部さんと良好な関係が持てるようになった。こうしたことが、もう一度あっただろうか。長谷部さんと私は、さらに良好な関係となった。穏和な長谷部さんだったが、こういう厳しい一面も持っていたのである。

長谷部さんは俳句が趣味だった。この施設でもボランティア講師を招いて、俳句のクラブ活動が開催された。その初回からの参加者だった。私はそのお世話をした時のことが忘れられない。兼題の伝達と説明。句会当日の排泄介助と句会参加の段取りなど、挙げればキリがない。

句会の作品は墨書に整理し直して、コピーして配布してあげた。原本の墨書は今も私の座右にあり、作品を読むと元気な長谷部さんの姿が、ありありとよみ返ってくる。

長谷部さんは大の阪神ファンでもあった。私は十二球団すべて見る「とりあえず阪神ファン」だったが、よく話が合った。と言うより、話を合わせてもらった。遅出業務を終えて七時半頃訪室すると、長谷部さんは阪神戦のテレビ中継をイヤホンで楽しんでいた。

「負けとってやで」。

見ると阪神は一―四で負けていた。

夜間オムツ装着者は、夕食後すぐ臥床し装着することにほぼ決まっていた。だが長谷部さんは九時頃まで阪神戦を楽しんだ後、夜勤者が臥床し装着していた。これが特別扱いではなく、自然な形でそうなっていた。それくらい職員と呼吸を合わせられる人だったのだ。

初夏の夜勤明けの時だった。早朝のオムツ交換に行ったら、交換作業を受けながら、

「まあ中西さん、昨日の広沢。ぜんぜんよう打たへん。あかんあかんあかんなもん」

と、エラくはっきりした口調で昨夜の戦評をしてくれたことが、今も忘れられない。

二〇〇三年の阪神タイガース十八年振り優勝の時は、私は認知症棟職員に転じていた。阪神のマスコット、トラッキーの人形をプレゼントしたら、大層喜んでくれた。長らく枕許に置いて寝ていたという。

ここの一般棟五十三名中、二十名ぐらいの入所者は、その日その日の職員の勤務割りを知っていた。今日はどの職員さんが夜勤入り、明け、早出、遅出など、判断に素早い人が何人かいて、口コミで広まるようなのだ。

早朝早速訪室すると、

「おう、早出か」。

夕刻の申し送り後訪室すると、

「おう、泊まりか」。

他の入所者も、例えば午後四時頃私のところにやって来て、

「中西さん、今日はもう帰らはんのやろ。ちょっと頼まれてくれはらへんやろか」

と職員のことを気に留めながら接して下さるのが、とても嬉しかった。

ここの女性入所者は、かなりの人が朝食前に化粧をしていた。もちろん老いには老いの化粧がある。真っ赤な口紅を塗るわけではない。長谷部さんも離床介助後暫くベッドサイ

ドに留め置いて、その間自分で顔に乳液を塗っていた。その姿が何とも言えず、しみじみとしたものがあるのである。

恋をすると人間は美しくなるという。確かに長谷部さんは、入所後美しくなった人だ。

「いっぱい恋をしてますか」

という名コピーがある。ひょっとして長谷部さんは本当に、ここの男性職員たちに恋をしたのではなかろうか。そんなことを、本当に思える人だった。

本当の弱者救済とは

どこの入所施設でも、その後の生活提供の参考にするため、趣味などを聞いている。老人保健施設一般棟に入所して来た瀬下さん（仮名・男性）が、ご趣味は？　と聞かれて答えたのが、「弱者救済」だった。

下肢筋力低下で車椅子。ベッド移乗は自立。食事は自立。入浴は洗体介助の上、とりあえず特殊浴。排泄は、ベッドサイドにポータブルトイレを希望の上、自立。

瀬下さんが最速に職員たちを唖然とさせたのが、ズボンを下ろしてお尻を半分出したまま、ベッドに寝ていることだった。本人曰く、

「こうしていないと、ポータブルトイレに間に合わない」

ということだった。その滑稽さと気味悪さに、職員はどうすることも出来なかった。カルテの日中状況の項目に、「半ケツで云々」と臆面もなく書く職員もいた。

介護主任を通して何度か注意したが、改める気配なし。あまりの行状に見かねた相談指導員が再調査したところ、元気な頃は畳敷きの部屋で菓子類の空き缶に排尿をして、フタ

もせずにそのまま寝ていたということだった。

この方にとっての弱者救済とは、こんな見すぼらしい生活の振りをすることとなのだろうか。こんな事を考えながら、私はとりあえず一所懸命の介護を続けた。

瀬下さんは、気管支に異常があったという。そのため「ウィー」という声が無意識に出るのだそうだ。この声が気になると、同室者の男性からクレームがあった。

「弱者には迷惑をかけない主義の方だそうですから」

と説明しても、

「何が弱者に迷惑をかけないや！　かけまくっとるワッ！」

と立腹はおさまらない。他人受けも、あまり良い人ではないようだ。

そうこうしながらある日、私が訪室すると、

「中西さんは、いつもハツラツと動いておられますなあ。食事のお世話の時でも、よく活躍しておられますなあ」

と、私に感心するようにつぶやかれた。

他の入所者への配慮だったのだろうか、瀬下さんは相談指導員を通じて、退所を通告された。次に入所した老健に指導員が様子を見に行くと、例の行状はおさまっていたそうだ。

「前の施設で、仕込んでもらいましたから」

と答えたそうだ。

瀬下さんは、一体何を思ってこれまでの人生を生きて来たのであろう。息子もいるこの人は、さほど偏屈な人には見えないのだが。

この人が掲げた弱者救済とは、どんな意味を持つのだろうか。弱者の視点から物事を見ようとすれば、それなりの教育と人生体験が必要である。ともかくもこの施設で短いながらも生活をして、何か得るものがあったことは間違いないようである。

介護上の認知症概念

認知症棟の職員となったが、認知症の本質はしばらくはつかめなかった。

ある日の遅出業務が終了して、ぼちぼち帰ろうかと思っていた時だった。奥山さん（仮名・男性）という方がホールの畳の間に座って、何やらゴソゴソとひとりでやっていた。どうやらズボンを上着と間違えて、上半身に着ようとしていたのである。私はそれを暫く観察することにした。

両脚部分に両手を入れて、頭からかぶろうとしていた。首を出す穴は無いのだから、もちろん要領を得ない。奥山さんはズボンを見つめている。視線は確実にズボンの股間部分を捕えていた。だが要領を得ないのである。股間部分を破ろうとしたが、頑丈に縫ってあるので破れない。最後に股間部分を首の後ろに回して、着たつもりにして立ち上がったところで、私は声をかけた。

「奥山さん、これはズボンですからね。私がお預りします」。

一般棟時代、入浴の着脱介助で、そそっかしい女性看護師がいた。入所者の上半身に一所懸命ズボンを着せていた。両手を通したところで、間違いに気付いた。

「なんやこれ、ズボンやないの。いややわ」。

私は考えた。認知症の方は、一旦頭にひとつの観念が着けば、自力ではそれを切り替え出来ないのではないか。そこで私が編み出した概念が、「単一観念症」である。

これを早速応用出来たのが、君野さん（仮名・男性）という方だった。アルツハイマー型認知症。歩行は、入所時は独歩だったが、だんだん不安定になって来たので車椅子対応。だが立位も少しの歩行も可能である。食事は自立。排泄は昼間はトイレ定時誘導でパットチェック。夜間はオムツ。

この方は夜間起き出してくることがあるので、車椅子はベッドから離して片付けてあった。それでも独歩で起き出して来る。そして再入眠を促した夜勤職員に暴言と暴力行為。こんなことが頻繁にあるという。

私が夜勤のある夜であった。君野さんは廊下に手すり伝いに起き出して来た。時刻は午前二時頃であった。

「君野さん、どこへ行かれるのですか」。

君野さんは笑顔で食堂を指さした。

「食堂で朝ご飯を頂かれるのですね。けど食堂の方はいかがでしょう。真っ暗ですね。電気が灯いていませんねえ。誰もいませんね。外はいかがですか。空は真っ暗ですね」。

君野さんはハッと気付いた顔になって、

「今、何時頃や」。

「午前二時です」。

「なあんや。ほたらもうちょっと寝るわ」。

というわけで、暴言、暴力行為一切なし。朝まで良眠だった。

私はこの夜勤業務終了後、直ちに一般棟に下りて、以前お世話をしていた女性に聞いた。

「夜中にふと目が覚めて、朝だと思うことがありますか」。

「そんなん、しょっちゅうありますよ」

という回答だった。だが一般棟の方は、辺りがまだ暗い、他人が起きている様子もない、外も暗い、まだ夜じゃないのかと時計を確認するなどして、「やっぱり夜か」となる。認知症の方は、「すわ朝だ」と観念が一旦根着けば、以後の五感情報は情報として機能しない。「早ょ行かんと、朝メシに遅れる」。そんな人に「もう一度寝ましょうね」などと言っても、「こいつら、ワシにメシ食わさん気ィか」として、それが暴言、暴力行為として表出される。故に観念を切り替える援助が必要となるのである。

君野さんには、こんなこともあった。車椅子から立ち上がって、テーブルの上に椅子を乗せていた。その時の状況は、時刻は午後四時頃の、うす暗くなり始めた頃だった。そして何らかの手違いで、室内灯が消えていた。

「君野さん、何をしていらっしゃるのですか」。

君野さんは笑顔ながら、答えに要領を得ない。

「電灯を灯そうとしていらっしゃるのですね。わかりました。スイッチは詰所にありますから、今点けて参ります」。

電灯が灯ると君野さんは破顔一笑になって、

「ありがとう、ありがとう」。

君野さんは他の入所者のためを思い、電灯を灯そうとしていたのだ。だが単一観念症はひとつの方向性を持つと、他の情報を顧みられない。おそらく電灯にひもが下がっていないか、見たのだろう。それがない。ならば横にひねりスイッチでもあるかも知れないと思った。だが到底手は届かない。そこでテーブルの上に椅子をつぎ足して登ろうとした。純粋に善意だった。それを一方的に、

「君野さん、こんなことしたらアカンよォ」

などと言って取り上げては、善意を踏みにじられた暴言、暴力行為は当然の反抗である。

君野さんにはこの外にもいろいろな介助を成功させた。そしてある時君野さんは、

「中西さん、しかしアンタはようやるなあ。感心するなあ」と褒めてくれた。私は認知症棟の入所者には名乗っていなかった。認知症棟の職員に転じた時、介護主任に、

「入所者に自己紹介するのですか」

と聞いた。主任は冷やかしの表情で、

「やりたかったらやって下さい。けどすぐに忘れますから」。

そんなわけで入所者は、私の名前を知るはずはなかった。そんな中で、認知症棟入所者四十七名中、四名ぐらいの方が私の名前を覚えて下さった。「ナカニシテツオさん」と、間違っていても下の名前まで覚えてくれた女性の方もいた。作業中の私を見つけて、「中西先生や」と言った女性もいた。おそらく職員同士のやりとりの中で覚えてくれたのだろう。脳機能の衰えた認知症の方の感性は、健常者よりも鋭いのかも知れないという、推測が成り立つ。

前出の君野さんの言葉が出た頃、暴言、暴力行為はほとんど消失していた。夕食後の義歯預りを拒否していたが、それが介助に行くと大きく口を開けて、預らせてくれるようになった。盗食行為も頻繁にあったが、すっかりなくなった。「ぶさぁいくな顔して」という言葉を他人に浴びせていたが、それも暴言ではなく、口癖であることもわかった。

これからの認知症ケアは、もっともっと有効な成功事例を持ち寄って議論する必要が、大いにある。介護現場の混乱はおさまらないだろうし、認知症のお年寄りへのすでに大きな人権問題が成り立っている。認知症だから興奮があり暴言や暴力行為があるという、現行の現場への教示が、果たして議論として成り立つか、大いに考えてもらいたい。

勤務初日、緊張している私に助言があった。

「普通の人ですよ」。

これで私は認知症介護が出来る様になった。

高齢者の転倒

「転ばぬ先の杖」ということわざがある。高齢者の転倒は、昔から深刻なものであったらしい。

老人保健施設一般棟に入所して来た小宮さん（仮名・女性）は歩行はシルバーカー使用だった。とりあえず認知症はないということだった。食事は自立。排泄も自立。入浴も普通浴。この小宮さんには、転倒が頻繁にあったという。家族も、母の転倒は珍しくないので、事故と扱ってくれなくても良いということだった。家族の言う通り、ウエーブの髪が豊かな小宮さんの頭部には、縫い傷がいくつもあった。

私として小宮さんに気付いたことがあった。職員と視線を合わそうとしないのである。発語は正常だが、意思疎通をはかろうとしないのか、はかれないのか。そして笑顔もなかった。何らかの脳機能障害を感じさせる人だったが、情報提供書にないものは、取り合ってもらえないのである。

転倒の件だが、トイレ利用時によく見られた。そのため夜勤者は、詰所横の共同トイレの側にベッドを出して、見守った。

笑顔のない小宮さんだったが、入所して一週間ほどして、「この施設の職員さんは、急がしそうやねえ」。という発語と、ニコニコ顔が出るようになった。その頃問題の転倒が、パッタリと無くなっていた。他の入所者や職員との会話が旺盛に出始め、ホール備え付けの本棚から、積極的に読書もするようになった。こうして全く問題のない療養生活が出来るようになった。

喜んだのが家族で、最速在宅復帰に向け、自宅改修などを行った。改修が済んで、小宮さんは、名残り惜しそうだがニコニコ顔で退所して行った。

高齢者の転倒を考えてみよう。頭部から顔面から、あるいは腰から、あるいは横向きに、重大事故につながる転倒である。

泥酔者もよく転倒する。こんな話は断酒会などに出向いて、聞いて来てほしいと思う。頭部からまともに転倒して、頭蓋骨に重大な外傷を負ったという話を聞いた。顔面から倒れて前歯を折ったとか、家具に寄りかかって壊してしまった話なら、ザラである。

泥酔者の転倒のメカニズムは、こうである。平衡感覚を司る小脳の機能を、アルコールが抑制してしまうことによって起こる。泥酔者の転倒と高齢者の転倒が、酷似していることに注意したい。

健常者の転倒には、突き手、突き膝が伴う。転倒中も体幹の平衡を取り戻そうとする力が働いて、重大事故を防いでいる。高齢者の転倒は、単に下肢筋力の低下、下肢関節機能の低下によるものだけだろうか。平衡感覚を司る小脳の機能不全化は考えられないだろうか。よく考えてみたいものである。

ケアハウスでお世話をした、小橋さん（仮名・男性）という方がいた。自立か要支援の方で、上肢下肢に問題はない。食事、排泄、入浴も自立。認知症もない九十三歳だった。

この方は、七夕の短冊に書いていた。

「あと七年の寿命を」。

健常のまま百歳を迎えたかったらしい。そのためか、杖も用意していなかった。だがある時ホールで顔面から転倒した。救急隊員の救護を受けながら、

「なんでコケたんかなあ……」。

それを聞いた救急隊員は、

「オイ、この人なんでコケたかわかってへんで。認知症あるの？」

などと聞いて来たが、この発言は強がりだった。この後小橋さんは急速に要介護化し、退所した。小橋さんの若干の前かがみ、若干のふらつきが転倒の予兆であることに、ケアスタッフも気付いてあげるべきだった。

「転ばぬ先の杖」のために、高齢者の転倒をもう一度考えなければならない。

通じた真心

認知症の人には多くの問題行動があるようだが、その人の性格により様々に分かれる。
私が認知症棟の職員になった時、すでに入所しておられた池上さん（仮名・女性）という方がいた。アルツハイマー型認知症。上肢下肢に問題はない。走れるくらいの健脚である。食事は自立。入浴は普通浴。排泄は、昼間はトイレ定時誘導で夜間はオムツ。糖尿病の既往症があった。

この方の問題行動でまず驚いたのが、配膳している職員の手に持つお膳に飛びかかって盗食をすることである。「おくれえな、おくれえな」と言葉を発して、お膳の上の食材を手でわしづかみにして食べている。その都度職員は身をかわしていた。たがこの行動は、職員にとってさほど難事ではないようだった。池上さんは一番最初に配膳をするなどの対策は、全く取られていなかった。

その池上さんの「飛びかかり盗食」であるが、認知症棟新参職員の私には、どういうわけかやって来なかった。配膳中ホールを徘徊している池上さんと何度か目が合ったが、バツが悪そうな苦笑を浮かべて、私とお膳をやり過ごしていた。そうこうするうち、この飛びかかり盗食は無くなって行った。

次に困ったのが深夜徘徊というよりは、居室で寝ない行動だった。入所当初、徘徊行動があったらしい。ベッド四点柵をしてもそれを乗り越えようとして転落の危険があったため、自室は畳敷きになっていた。それが嫌だったのかどうかはわからない。居室に寝かせても、起き出して来る。仕方なく、食堂ホールにソファを用意して、そこで寝かせることになっていた。するとスヤスヤ寝るのである。

寝冷えをしないように、掛け布団に加えてタオルケットを掛ける。敷き布団はないからである。ソファなので、ベッド柵はない。寝返りなどで転落しないように、終始見守る。そんなことを半年ほども続けただろうか。ある時、心の状態が安定しているように見受けたので、ままよその夜は居室の畳で寝かせてみた。するとどうだ。朝まで良眠だった。

朝離床介助に行くと、すでに覚醒していた。さわやかな笑顔と、何事か発語あり。認知症独特の不規則発語で、意味はわからなかったが、朝のさわやかな景に良く合って、実に穏やかな表情だった。こうして池上さんの状態は、すっかり落ち着いた。

喜んだのが、キーパーソンであるご主人だった。池上さんの元気な頃の写真を持参して、職員に見せて下さった。そして、自宅に引き取ると、在宅復帰を申し出られた。

池上さんが去った認知症棟は、淋しくもあった。

池上さんについて考えた。まず、発語は良好である。だが会話は不成立である。それは脳の原因疾患ゆえである。しかし、意識の疎通はいかがだろうか。また、池上さんの他人を見る目はいかがだろうか。まあ、すぐに回答出来る問題ではないにしても、じっくり考える必要がある。

認知症の方の、感謝、信頼、尊敬という意識はどうなっているかと、ある講習会で講師に質問してみた。そしたら、回答を拒否されてしまった。正解を私が述べれば、すべて正常に機能しているのである。

入所者に顕著な問題行動があったとしても、じっくり腰をすえて人間の本質を見たい。そして誠心誠意の介護をしたいものである。言葉の意思疎通は不可能でも、肌で感じて伝わるものがある。この職員はどんなお世話をしてくれているか、肌で感じ取れるものがある。池上さんはむしろその感性は、他のお年寄りよりも鋭かったのではないか。心を込めれば認知症の人にも必ず通じるものがある。

そう言えば、ＮＨＫの朝の連続テレビ小説『べっぴんさん』にも、そんな台詞があった。

「心を込めれば、通じるのです」。

尊敬

認知症ケアは、脳に原因疾患があるにしても、なぜこの人はこういう行動になっているのかを考えなければ、ケアの成功は見えて来ない。

特別養護老人ホームでお世話をした川原さん（仮名・女性）はアルツハイマー型認知症だった。上肢下肢に問題はなく、走り回れるほどの健脚である。食事は自立。排泄も自立。入浴も普通浴。この方の問題点は徘徊だった。常にホール内を動き回るので、見守りが必要とガイダンスされた。

ある私の夜勤の夜のことだった。午前三時頃、居室から起き出して来て、

「アタシ、会社に行かなきゃなんないのよ」

とつぶやきながら徘徊が始まった。川原さんをつかまえた私は言ったと言うより説明した。

「会社に行かれるのですね。よくわかりました。けど窓の外を見て下さい。よくごらん下さいね。まだ真っ暗ですね。星も出てますね。廊下の奥をごらん下さい。まだ暗いですね。そうです。まだ夜中の三時なんです。会社に行く時間じゃないですね」。

するとと川原さんはムッとした表情になって、

「そんなこと、アナタに言われなくても、私はわかっているんです！」

という捨て科白でもって居室に帰り、朝まで良眠となった。

名前は忘れてしまったが、ショートステイのアルツハイマー型認知症の女性に、次のようなことがあった。夜中の一時頃、「アタシ、家に帰る」と言って徘徊が始まった。帰宅願望と思いがちだが、様子をうかがって見た。

「家にお帰りになるんですね。どうかされましたか。何の御用で家に帰られるのですか」。

そうこうして問いただすうち、

「ここは会社だから、家に帰らないと」

ということを聞き出した。そこで私は、

「ここは会社なのですね。よくわかりました。けど回りを見て下さい。ここは会社でしょうか。そうです。ここは施設なんですよ。私はアナタをお世話するために参っております。夢でもごらんになったんじゃないですか」

と説得して、女性は、

「はあ……、そうですかねえ」

と言いながら、居室に帰って朝まで良眠。

私は考えた。先の川原さんの件といい、就寝中に見た夢が、覚醒後現実となってしまったのではないか。この私も今だに大学を留年する夢を見る。覚醒しても暫くは「今年は大丈夫だろうか」などと不安にかられてから、「ハッ、夢だった」と気付いたりする。

次のような件もいかがだろう。昼食も過ぎた午後になって急に「会社に行かなければ」などと徘徊し始めるアルツハイマー型認知症の方を何人か見た。私たちはどうだろう。朝起きがけに見た夢を、たとえば午後三時頃になってふと思い出したりする。あるいは五、六日前に見た夢を思い出したりする。認知症の方は、一旦頭に観念がよぎると自力では修正出来ないのが、行動原理の一つである。夢を見たあるいは思い出したのではと疑うのも、認知症ケアの一つと私は考える。

川原さんは食事前に席に着けても、徘徊をする方だった。どうやらこの人は、じっとしていられない性格なのかも知れない。そしてこの方にはさらに困った問題行動があった。配膳車が到着すると、手を突っ込んで盗食するのである。この目配りが大変だったが、相手もすばやくぬかりない。配膳車を遠くに置くなど、いろんな対応をとらされた。

私も何事も制止したが、ひとつのことがわかって来た。川原さんは盗食行動の時、バツが悪そうな表情をしている。脳に原因疾患はあるにしても、これは確信犯なのかも知れない。自分は徘徊で職員さんに迷惑をかけている。そんな私だから、食事は当ててもらえないかも知れないという、一種の負い目があるのではないか。

そんなわけで、それを踏まえて声かけした。

「わかりました、わかりました。川原さんのお気持ちは、この私が理解しますから。あなたのお膳は、必ずございますから、どうぞ安心して、この椅子に掛けてお待ち下さい」。

こうして何度もケアするうち、徘徊は次第におさまり、同時に盗食も無くなって行った。配膳を待つ椅子の上で、つぶやきが聞けた。

「ご立派な方だからねえ……」。

どの職員のことを言っているのかはわからなかった。だが視線は私の方を向いていた。敬語をしっかりと使って誠心誠意のケアをすれば、そこには当然、感謝、信頼、尊敬の情念が生まれる。尊敬はあらゆる生活のエネルギーを生み出すと私の恩師は教えた。

アルツハイマー型認知症に関するさまざまなリハビリが試みられている。学習療法もその一つである。だが私は、この「尊敬」こそが、認知症の最高のリハビリだと、ケアの体験から思うのだが、いかがだろうか。

困った性癖

私は小学生の頃、偏食癖があると言われて育つ羽目になってしまった。昭和四十一年から昭和四十六年までの小学校六年間、学校給食を全部平らげたことがほとんどなかった。高校生の頃の自分を思い出して、そんな偏食癖はなかったのだが。

二十五歳の時、小学校のクラス会をやった。会の料理を目の前にして、女の子が、

「中西君、まだ好き嫌いやってんの」

などと聞いて来た。私は逆にみんなに問いたいのである。あの学校給食が、本当に料理に見えたか。私はあの配合飼料のような給食が、嫌いで嫌いでしようがなかった。今思い出しても、全部平らげているヤツの気が知れないのである。

そう言えば先生から、パン→ミルク→オカズ→パン→ミルク→オカズと、順々に食べるように指導を受けた。残念ながら現在の摂食理論からすると、これは大間違いだそうだ。

正しい摂食法は、洋食のフルコースにあるという。まずオードブルを摂り、スープを摂り、ついでメインディッシュ。そしてサラダにデザートという具合である。空腹の胃腸は

消化吸収力が高まる。体に必要な栄養素から摂り、糖分はさほど体に必要がないので、デザートは一番最後となるそうだ。

朝食、昼食、夕食と、三食をきちんと摂ると、胃腸は程良い消化吸収をする。故に朝食を摂らない人は過剰な消化吸収をするため、メタボリックシンドロームになるそうだ。

お相撲さんの世界に、朝食はない。朝食抜きで朝げいこをやって、空っぽの胃腸にどっさりと食物を放り込む。過剰な消化吸収力を利用して、あの体型を作っているそうだ。

私は何の話がしたかったのだろう。そうだ、老人保健施設一般棟に入所して来た石山さん（仮名・男性）だ。下肢筋力低下で車椅子だが、ベッドの移乗は自立。食事、排泄は自立。入浴は洗体介助後、手引き歩行にて普通浴。

この方の問題行動は、偏食癖だった。食事を二口三口食べただけで、居室に帰ってしまう。詰所には家族から、アメをどっさり預かっていた。ナースコールを鳴らして、対応した職員に「アメくれ」と叫ぶ。こういった入所者の対応マニュアルは出来ていなかったので、職員も戸惑い気味だった。

私も何度か対応したが、なぜか私の時は無言だった。何度か行ったら、掛け布団の下から手を出して、

「アメくれ。そうか、あかんか。ほな、しゃあない」。

どうやら本人も、自分の行動に負い目は感じているようなのだ。

そうこうして、二箇月も経った頃だっただろうか。ある早朝、居室から出て来て、

「ちょっと、見てくれ」

と言う。ベッドに向かうと、大量に尿失禁していた。まず全身更衣をして、それからベッドのシーツ交換を行った。作業している私を見ていたのか、石山さんはつぶやいた。

「兄ちゃん、ここは何ちゅうんや」。

施設の名を告げると、

「そうか、ここはそう言うんか。こんなとこに勤めて、兄ちゃんもエラい目ェせんならんなあ」。

この直後からだろうか。石山さんのアメを訴える態度が変わった。車椅子自操で詰所前に出て来て、

「アメ、ひ、と、つ、ください。どうぞ、どうぞ、お願いします」。

アメを差し上げると、最速口に入れて、

「ウン、サイコー」

と、至福の声を発した。

そんな風に変わって、どれくらい経っただろうか。石山さんは、ある夜勤帯に施設内で

亡くなった。死因は脱水症状だった。

施設側も本人の偏食癖には手を焼き心配もしていたが、今回の事態は想定出来なかったという回答を出した。

石山さんが亡くなる最後の夜勤帯、夜勤者によれば、居室から「最高や!、最高や!」という叫び声が聞こえて来たそうだ。それをキーパーソンである息子に話すと、息子氏は落涙したそうだ。

家族も石山さんの偏食癖に手を焼いていたのだろうか。いろいろな意味で、心配していたのだろうか。しかし石山さんは、「最高や!」という形で人生を締め括った。

偏食という妙な性癖がなければ、石山さんは普通の人だった。いや、普通以上の人だった。困った性癖があったがために、偏見視されてしまう。これは一般社会も介護現場も同じである。こんな人のために、私はこれからも誠心誠意の介護を続けたいと、改めて心に誓った。

ところで私の小学時代の偏食癖、今だに覚えているクラスメートがいるようなのだ。人生とは、いやはやである。

やる気を起こさせる介護

私は、たとえば最初に勤務した老人保健施設六年六箇月の間で、ヒラの介護職員から出世はしなかった。介護主任もやったことはない。私より後から入職した職員が、介護主任に任じられているのに、である。

福祉の現場では、ご大層な理念や理論、理想論を述べなければいけないことになっているらしい。それを高らかに述べる者、または述べそうな者が出世するのがお決まりである。

私はレクリエーションの時間に、高校野球の甲子園強豪校の校歌を歌ったり、落語をやったりしていた。たとえそれが利用者に大好評であっても、出世という点では不利、ということになるようだ。

平成十年六月一日に開設した老人保健施設は、六月五日に一般棟に第一号の入所者を迎えた。赤井さん（仮名・男性）という方だった。上背のある方で、若い頃はスキー選手だったそうだ。下肢筋力低下で車椅子。理学療法士の診断によれば、機能的には歩行は十分可能。食事は自立。だが、視力の低下で、食材がよく見えないので、一皿一皿説明してあげる。入浴は、着脱、洗体半介助の上、手引き歩行にて普通浴。排泄は、昼夜共声かけトイレ誘導。

午前十時頃の入所だった。介護職員たちはコミュニケーションだなんだかんだと赤井さんの回りに集まった。だが十二時、昼食休憩になると詰所に引き上げてしまった。介護主任はこんな場合のカリキュラミングをしていなかった。仕方なく私がひとり昼食抜きで赤井さんに対応した。

赤井さんに施設内を案内したが、どんなことを話しただろう。もちろん私が話す言葉はすべて敬語を心得た。フロア中央が吹き抜けになっていて、二階フロアはそこが中庭になっていた。

「ここ、体操場か」。

元スキー選手らしい質問だった。

「多目的広場です」

と、私は答えた。

四日ほどして、赤井さんは車椅子を離れて独歩で歩き始め、身辺の雑用をするようになった。驚いたのが、理学療法士だった。療法士の事前調査では、前の老健で赤井さんは、ヘッドホンでラジオを聞きながら、一日中ベッドで寝ているだけの人だったという。その人が積極的に自主生活をするようになったと、この施設のケアワーカーの優秀ぶりを賛えた。

喜んだのがキーパーソンの長男氏だった。

「そんなん聞いたら、私、涙が出ますわ」

と、感謝の言葉と共にこの施設を大いに褒めて下さった。

この後に入所したお年寄りも、次々と生き生きとした療養生活をするようになり、開設わずか一箇月でこの市内にこの施設あり、という評判の施設となった。

半年ほど経った頃だろうか。赤井さんは相変わらず元気に療養生活をしていた。件の長男氏が私のところに来て、他の職員をはばかる小声で、

「おじいちゃんが元気になったんは、中西さん、アンタのおかげや」。

この言葉は嬉しかった。だがである。しかしである。この言葉は一切口外出来ないのである。療養施設はチームケアが大いなる建前である。自分ひとりの他人受けは禁物である。

赤井さんの少し後にショートステイで入所された上川さん（仮名・女性）が私に呟いた。

「中西さんは、本当に私たちお年寄りに優しくして下さる。けど、気を付けて下さいよ」。

その気を付けては、二年半後の平成十二年の冬のボーナスの時にあった。事務長が査定を発表した。基本は二・〇倍。これに能力評価を加算します。

この時の私のボーナス査定が、二・〇。つまり評価なしだった。「あのパパは、しゃあな

い パパや」と、入所者があきれる男性介護職員が、二・八。入所者を小突くなど、悪評のある男性介護職員が二・三。その他のケアワーカーたちは、二・五か二・六はもらっていた。その中で私が二・〇《ゼロ》。

　私を査定した介護副主任によれば、

「中西さんは、老人保健施設の職員であることが、全くわかっていません。中西さんは入所者に何でもかんでもしてあげています。それをやると、お年寄りは自分で何もしなくなるんです」。

　顚末は、このあとあった。年末に詰所会が招集された。出席者は、介護主任と介護副主任と司会役と私の四名。ということで流会となった。ぐっすらもらった連中はみんな、招集をすっぽかして帰ってしまった。

「金には十分注意せよ。金は人を生かしも殺しもする」。肝に命じたい言葉である。

　介護現場には優秀な人材に入ってほしいと有識者は常々訴えている。だが、「大賢は愚なるがごとし」なのである。本当に頭のいい人間は、本当に能力のある人間は、本当にスジの一本通った人間は、そんな風に見えないのである。そして、お年寄りには、それがよく見えるのである。

「介護の専門性とは」という言葉がやたらと飛び交っている。だが誰もその具体性を述べられない。なら私が述べよう。

介護の専門性とは

1、敬語をしっかりと使うことである

2、走って走って走り回ることである

走り回っていては、お年寄りと十分なコミュニケーションが取れないと反論されるが、それは違う。非言語的コミュニケーションという言葉が、ちゃんと唱えられているではないか。雑務であっても懸命に行う姿をしっかり見せることが、お年寄りにやすらぎを与え、施設生活にやる気を起こさせるのである。

人間は感情を持った動物である。息の通った介護、血の通った介護を、お年寄りは期待し求めているのである。

人情家

寡黙な人というのは、他人にどんな印象を与えるのだろうか。この私は、無口なのかお話好きなのか、自分でもよくわからなかった。中学一年の自己紹介の時、「無口で笑い性です」などと、自分でもわけのわからないことを言ってしまった。確かに私は他人との会話が上手ではない。だが嫌いでもない。

老人保健施設一般棟に入所して来た木山さん（仮名・男性）は、一種近寄り難い雰囲気に見る職員も多かった。下肢筋力低下で車椅子。自操はやろうとしない。食事は自立。排泄は、紙パンツ汚染に無頓着なため、昼間は定時トイレ誘導にてパットチェック。夜間はオムツ。入浴は、着脱、洗体いずれも積極的にやろうとしないため、介助の上特殊浴。

この木山さんが最初に詰所内で話題になったのが、ほとんど一日新聞を読んでいることである。すべてに背を向けて、一心不乱に新聞を読んでいる。そんな感じである。時々理学療法士や作業療法士がフロアに主張して来て、リハビリ体操をやっても、堂々たる無関心である。黙々と新聞を読んでいる。そう言えば、リハビリに精を出しているところを見たことがない。リハビリプログラムは本当に組んであったのかと、療法部所を本気で疑いたくなる。

ちなみに述べると、食後などすぐに居室に帰ってナースコールを鳴らし、入床介助を求める入所者のことは、「甘え」とか「依存心が強い」などと言って問題入所者扱いをする。木山さんのように手を及ぼす必要のない入所者は、問題入所者扱いをしないのが、何ともいやはやである。

木山さんで一番困ったのが、夜間オムツいじりをすることである。そのたび尿の失禁汚染で、全身更衣やシーツ交換を行わなければならない。当て方の悪いオムツは、すぐにいじってしまうようだった。

私はこれも業務の一環とわきまえて、黙々と対応したのだが、ここに森笠（仮名）という男性職員がいた。この男、木山さんのオムツいじりが許せなくてしょうがなかったようなのだ。私は手先器用に生んでもらった。それは老人介護の仕事にも大変役立ったので、両親に感謝をしている。手先の不器用な人は、たとえ悪意は無くても、排泄介助や食事介助の時利用者から不評を買うなど、誤解されることは多々あるようだ。

森笠職員は性格も荒々しいが、手先も実に不器用だった。木山さんは森笠職員のオムツの当て方が、特に嫌いだったようだ。森笠職員もそれを覚っているようだった。そしてある夜、ついに木山さんと森笠職員は手と手をはたき合う、喧嘩状態になった。私が夜勤の時でも、プライベートカーテンの向こうから、バシッバシッとはたき合う音が聞こえて来た。これは高齢者虐待だろうか。木山さんも立派に反撃したし、抵抗出来ない状態に置かれていたわけではないので、虐待ではないとしよう。

ともあれこんな場合でも、森笠職員の行為を咎めることが出来ないのである。開設わずか一箇月で、「この施設は職員同士の仲が良いので、安心して家族を預けられる」という信用が出来た施設である。それに風穴を開けられないのである。加えて私と森笠職員は、大の仲良しだった。他人が落とした信用も、自分で取り返す。あわ良くば当人にそれを気付かせる。こんな事しか出来ないのである。これはチームケアの現場に立った者にしかわからない事である。

だが私は、木山さんの行動の理由がわかって来た。不義理、不人情にはてき面に反応する人だと思った。こんな乱雑な介助では困ると、すべての入所者の気持ちを代弁しておられたと言える。私は一所懸命に木山さんの介助をした。介助中の私の肩を撫でて、

「お前はホンマにようしてくれる」

と、何度も言ってもらった。その言葉に実に重みがあるのである。

一日中新聞を読んでいて、変人扱いする職員が多かったが、私は木山さんの人情家であ

る一面を垣間見た。

木山さんは、子供好きでもあった。赤ん坊を連れた面会客に、その子を抱かせろと言う。

「おじいちゃん、落とすといけないから」。

「そんなこと言わんと、抱かさんかい」。

楽しそうなやり取りが、実に良かった。

次の老健が決まって、木山さんは退所となった。退所当日、五月晴れのような笑顔で、職員に別れを告げていた。森笠職員との一件を水に流してくれたのかどうか。それはわからない。しかし、

「ホンマ、世話になった。ありがとう」

という言葉と笑顔が忘れられない。

次の施設でも、どうぞ職員を叱ってあげてほしい。そして施設はどうぞ、新聞を常備してあげてほしいと願った。

頑張り屋

老人ホームに入所して来るお年寄りは、不安そうな人が多い。私は何とかその不安を和らげてあげようと頑張って来たが、やはり不安な心そのものはわからなかった。

だが、この人は違った。宮中さん（仮名・女性）は、まだ七十歳にならない人だった。要介護度は中程度だが特別養護老人ホームには入所せず、リハビリがある老人保健施設に入退所を繰り返していた。本人も家族も「老健巡り」と言っていた。

脳血管障害で左片麻痺。障害は視神経にも及んでいて、物がダブッて見えるそうだ。歩行は不可にて車椅子。体が小さかったため、特別注文で作ったそうだ。自操は可能。健側の右手と左足で、ビュンビュンと走るように漕ぐ。食事は自立。食事エプロンは持参で、毎食後自分で洗って管理する。入浴は着脱全介助、洗体半介助で特殊浴。風呂好きのようだった。排泄は尿意便意があるため、昼間はコール対応にて介助、夜間はオムツだった。

宮中さんは一つだけ、妙な執着があった。朝起床後の洗顔を二、三十分もかけることだった。居室付きの洗面台でそれをやられると、うるさいと同室者から苦情があった。そのため食堂付きの洗面台をお願いしたら、ひとつ返事で受け入れた。起床の車椅子移乗介助をすると、例によってビュンビュンと車椅子を飛ばし、無人の食堂でひとりでバシャバシャやっていた。

この人には、頻尿があった。この老健には各居室に一つずつトイレが設けてあったが、宮中さんの割り当ての居室は、詰所から遠い位置にあった。そんな所で数多いコールは対応が困難と、誰かの介護職員が主任に訴えたのだろう。介護主任は詰所横の共同トイレを使用するよう求めた。宮中さんは、それもひとつ返事で受け入れた。いつも自室にいるが、尿意があると、またビュンビュンと詰所横までやって来る。

もう一つ、宮中さんは毎朝排便があった。だが数少ない夜勤者が走り回っている早朝は申し訳ないので、オムツはずしは九時半の申し送り後のトイレ誘導時で良いと、これは本人からの申し入れのようだった。オムツ内で排便をして、九時半に処理と清拭を行う。毎朝の日課となった。

だがである。しかしである。介護職員たちは、排尿のためトイレに行こうとしている本人の前で通せんぼの真似事をしたり、コールに細工をして、トイレコールが鳴らないような悪戯をしたり。いやはや介護職員というのは、よくよく楽をして仕事をしたいようなのだ。譲歩をしている宮中さんに、信義の返答は感じなかったのか。宮中さんがそんな介護職員の態度を覚ってしまわないか、私はヒヤヒヤしたものだ。

この老健にはボランティア講師を招いて、いくつかのクラブ活動があった。宮中さんはお達者な頃は手芸の講師をされていたそうで、それらにもすぐ関心を示された。

まず水彩画である。モチーフも絵の具自体も二重に見える上に、右手しか使えない。しかし月一回の活動日を毎回参加。次第次第に腕が上がった。講師の方は、

「始めのうちは画用紙の下の方にこんな小さな物しか描けなかったのに、今はこんな立派な絵が描けるようになって。私も講師として本当に嬉しいですわ」

と、大いに褒められた。

書道も左手が使えず半紙の押さえが利かないため、文鎮を上下二本の工夫をしてあげる。上背もないため、座布団を二重三重にする。なかなか毛筆のあやつりが利かないようだった。しかしこちらも毎回参加。ある時、すでに立派な書体が出来上がっていることに気付いた。講師に話を向けたら、

「ウン、宮中流だね」

と、目を輝かせておられた。

俳句の方は大分あとになってから「やってみる」と言って参加。しかしすぐ名句が詠めるようになった。講師の女性も、「宮中さん、宮中さん」と我が子の成長を見るように接し

ておられた。

これらクラブ活動の成績は、面会に来られるご主人が喜ばれた。その喜ぶ顔を見て、本人も声を上げて高笑される。これには話を向けている私も嬉しかった。

宮中さんは「老健巡り」で、他の老健に移り、退所された。今も元気でおられるだろうか。それよりご主人と仲良くしておられるだろうか。高笑いする本人を見て、ご主人もおさまった笑顔で答えられる。この二つの笑顔が、男雛と女雛のようにも見えてくるのである。実に健やかな老夫婦である。

ある時面会のご主人が私のところへ来て、

「オバハン、愛想悪いさかい、今日は帰りまっさ」。

こんな日も、あったようだ。

お金を盗られた

私は認知症でいろいろな人を見て来たが、この家本さん（仮名・女性）ほど問題のない人はいないと思った。アルツハイマー型認知症。上肢下肢に問題はない。食事、排泄も自立。物忘れはないが、コミュニケーションに継続性を持てない。確かに一般棟の入所者と話を合わせられる人ではない。

家本さんの良いところは、人の良さそうな笑顔と穏やかな性格である。認知症棟内での入所者とのコミュニケーションは、本当に毎日が楽しそうに見えた。

私が初めてアルツハイマー型認知症らしい訴えを受けたのは、次の通りである。

「私、家へ帰らんなんねん。私、お金盗られてん」。

帰宅願望と被害妄想に早計に取ってはならないことは、接していてすぐわかった。問題はこの家本さんの言葉が何を訴えているか、推し量ることである。

時刻は午後四時頃だった。この日は曇り空で、辺りがうす暗くなり始めていた。人々はこんな頃、何を思案するだろうか。まして生活意識に継続性を持てない、認知症の人である。おそらく晩飯と宿泊所の事だろう。

「家本さん、お宿賃の事をご心配ですか。宿泊代は月末にまとめて請求しますから、今はお金を持ってなくてもけっこうです。昨晩寝た所で今晩も寝て下さい。晩御飯もちゃんと出ますから」。

こう説明すると、家本さんは、

「あっそう。それなら良かった」

とニッコリ笑ってホールに帰って行った。不穏にさせずに済んだのはもちろん、またも真芯で捕えた私のナイスヒットだった。

特別養護老人ホームでは、田代さん（仮名・男性）という人が、同じ訴えをして来た。

「私、家へ帰らななりまへんにゃ。私、お金落といてもてねえ」。

時刻はやはり夕刻だった。ならば訴えは家本さんと同じに違いない。

「晩飯と宿泊所がご心配ですか。ご費用はあとでまとめて請求しますから、今はお金を持っていなくてもいいですよ。晩御飯食べて下さい。昨晩と同じ場所で寝て下さい」。

田代さんは、

「そうでっか。よろしいんでっか」

と、家本さんよりはすぐに納得しない。

「大丈夫、大丈夫。心配ない、心配ない。私をお信じ下さい」

と言葉を付け加えて、徘徊は止み、食席に着かれた。

再び家本さんと同じフロアにもどって、大海さん（仮名・女性）という人がいた。この方は、生まれも育ちも千葉県の銚子という方だった。

「アタシ、今から家へ帰んなきゃなんないのよ。だってアタシ、お金持ってないのよ」。

不安そうな表情ながらも、はっきりした訴えだった。

「お金持ってなくてもいいんだよ。お代は月末にまとめて請求すっから、今はかまわねえんだよ。昨日あのお部屋で寝たんだろ。今日も寝ていいんだよ。アナタの晩御飯は今から出るしさ」

と説明すると、すぐ表情が明るくなって、

「あっ、じゃ、かまわないんだね。わかった、ありがとう」

と、こちらも不穏は一切なし。

認知症棟の入所者には、金銭を所持させないことが、ほぼお決まりになっている。それを家本さんは「お金を盗られた」と表現した。田代さんは「お金を落とした」と表現した。大海さんは、「お金持ってないのよ」と単刀直入に訴え出来る人だった。

「お金を盗られた」は自身の体裁を取り繕うための、一種の責任転嫁である。「お金を落とした」も、わずかな体裁の繕いである。「お金を持ってない」は体裁を繕わない表現である。心理の微妙なアヤが、その人その人の言葉表現を変える。介護の難しさがここにもある。有識者の先生方に求めたい。「お金を盗られた」を単に被害妄想の教示では、ケアワーカーも介護現場も混乱するのみである。問題はその言葉の背景をいかに読み取るかの技術教示である。さらに次の言葉がある。

- お金を盗られた
- 財布を盗られた
- 泥棒に入られた

これらは訴えている意味はすべて違う。「財布を盗られた」は、財布を置き忘れて自分の体裁繕いの、いわば言いぐさであることが多いようだ。「泥棒に入られた」は、老人保健施設認知症棟で徘徊中の女性が、たまたま自分の居室に行き着いた時発した言葉である。「泥棒に入られましたか。確かにあなタの調度品が一つもありませんねえ。けどご安心下さい。あなたの調度品はあなたの家に、ちゃんと保管してありますから」。

こう説明すると、女性はすぐ納得された。

鈴木さん（仮名・男性）は、突然「財布を盗られた」と大声でわめき始めた。面会中の家族がこう訴えて来たのである。現場に向かうと、鈴木さんはかなり不穏だった。その時の状況は、晴天の日曜日の午前中。面会者は本人の娘ともうひとり、中学一年ぐらいの孫娘がいた。鈴木さんの表情や視線の動きを観察した。どうやら孫娘にお小遣いをあげたかったようなのだ。そのことを本人に確認すると、やはりそうだった。娘氏にも応援を頼んで、好意に感謝する旨を伝えると、鈴木さんは破顔一笑の表情になり、訴えは消えた。

お年寄りの言葉表現には、一種独特の物がある。それを解明し、老人言語論を開拓せねばなるまい。その上でその時の状況を観察して、介護上の的確な受け答えをする。これが確立されれば、単に被害妄想と言ってすべてを混乱させることはなくなるだろう。

収集癖

私は平成十年六月、老人保健施設に開設と同時に入職した。その前の五月に、同法人系列の別の老人保健施設で、二日間の事前研修を行った。私の配属先は一般棟だったが、研修先は認知症棟だった。

そこでは毎朝の申し送りの後、すべての居室のクローゼットの引き出しの中を点検する業務を行っていた。入所者の物品収集の摘発と予防のためだそうだ。正職員として勤めた老健ではそんなことはしていなかったので、所変われば品変わるといったところだろうか。

一般棟に入所して来た高村さん（仮名・女性）は、認知症は認められないが、予兆はあるということだった。歩行は自立で、杖も使わない。食事、排泄も自立。入浴は普通浴。

ある時ボランティアの方が、施設に大量の文庫本を寄付してくれた。ダンボール箱で本棚よろしく作って、一般棟の皆さんに開放した。この文庫本を、高村さんが収集し始めたようだった。

居室に行くと、ベッドサイドの戸棚の所に文庫本がきれいに並べてある。誰からも見える所に置いてある。引き出しの中にかくすようなことはしていない。同室者の女性によれば、本は一応読んでいるが、それを戸棚にしまって、忘れてしまっていると言う。

私は考えた。なぜ文庫本なのだろう。他に収集できる物品はたくさんある。他の物といえば、この一般棟では入所者の水分補給用に、小型のやかんを各居室に置いていた。お茶は毎朝新しいのに入れ替えていた。その自分の居室のやかんに、高村と自分の名前を書いていた。他の物といえば、それくらいである。

ケアハウスの職員をしていた時、福山さん（仮名・女性）という人がいた。認知症はない。食堂から自室に一人で帰れる。歩行はシルバーカー。この方は毎食時に使うご飯茶碗を、十二個ほどクローゼットに収集しているのを、ホームヘルパーが見つけた。よく観察してみたい。ご飯茶碗だけだった。他のお菜のお皿は、一枚もなかった。

元の老健の認知症棟では、ある女性の方が自室の引き出しの中に、トイレットペーパーをぎっしりと収集しているのが発見された。トイレットペーパー以外は何もなかった。

トイレットペーパーは回収されたが、当の女性の方は、トイレットペーパーを盗られたと言って騒ぐことはなかった。高村さんも同様である。時々職員が文庫本を回収するが、抗議の言動はない。また一つずつ増えていくのである。

収集行為そのものが、現行犯で摘発されることがほぼ見られないのも注目すべき点である。人目をはばかって、こっそりとやっているようなのだ。収集癖というのは、相当な確信犯なのではないだろうか。

健常者はどのような収集保管行動をとっているだろうか。私の場合、千五百試合に近くなった野球観戦のスコアブックは、大切にクローゼットの中にしまってある。通信教育の文章教室の添削作品も同様だ。書物もたくさん持っていたが、関心のなくなったものは古本市に出してしまった。酒徳利や猪口も、酒を止めたら早速バザーに出してしまった。

占有意識を強く感じる物とそうでない物。施設生活となったお年寄りにも、当然それがありうる。文庫本に、ご飯茶碗に、トイレットペーパーに、何らかの必要性、執着意識があったからこそ生じた行動であったはずだ。

収集癖は直接危害に至ることが少ないので、認知症行動でも、比較的問題になりにくい。ケアワーカーの間での笑い話で終わることが多いのである。

だが、収集癖も奥の深い行動論理であることは、間違いない。認知症行動解明の一助となる議論となりうる可能性は、十分にありうる。よくよく目を凝らして観察してみたいものである。

II

落語教室発表会（一番左が著者、中央は桂花團治師）

特養施設介護実習初日

「今日から十日間、お世話になります。現在三十五歳。老人福祉の道を志しての出直しです。がんばります」。

平成七年三月十日。ところは大阪府内の特別養護老人ホーム。時刻は午前八時四十五分の申し送りである。初めての施設介護実習に臨む心構えを、このように自己紹介した。

十年半勤めた縫製会社を失って転々。三十五歳の四月、老人福祉の専門学校に通い直す。一年後、教科の締め括りの施設実習十日間の始まりであった。

我が身は初めてでも、施設はその都合に免じてはくれない。玄関で挨拶して職員さんに用件を伝えてホールに入ると、そこには要介護のお年寄りがおられる。徘徊している人や叫んでいる人、車椅子の人など。だが、一年間学んだ身にいささかの戸惑いもない。

初日ということで、まずは生活指導員からのオリエンテーションである。別室にて施設の説明と今後の実習要項の説明や実習上の諸注意を受けた。そして、この日の昼食介助が定例行事食の鍋料理との説明を受ける。

「中西さんには二番テーブルの係をやっていただきます。ネタはスキヤキです。鍋の中はからっぽ。一《いち》から作ってあげてください」。

たった今入って来た実習生に、これだけのことを単独で任せるとは……。一瞬戸惑ったがしかし、やる気満々で引き受けた。

別室を出れば早速食堂へ向けての歩行、車椅子の介助である。寮母さんに指示されながら、入所者の名前覚えがもう始まっていた。

さあ二番テーブルである。男性の方一名に女性の方三名。比較的健常な方ばかりである。従って普通食である。初対面の挨拶と料理の説明が手作業の合間に自然とできた。施設のアットホームな雰囲気に、まず感心する。

鍋に脂身を溶かして肉を焼き、まずおすすめして、あと食材をタレで煮るのはスキヤキのシナリオ通り。

「兄ちゃん、スキヤキてなもんは箸なんか使わんと、手で摑んで鍋に入れんかい」。

と、男性の方がおっしゃる。いけないと思いつつもやっていると、

「食べ物を直接手で扱ってはいけません」。

と、寮母さんに注意された。

この施設は酒・煙草ＯＫという。女性の一人はビールを好まれ様子である。とはいえ特

養施設。どこまですすめたらいいものか迷う。実家が工務店で酒を飲む機会が多かったという話を聞きながら、コップ二杯目をすすめた。

もう一人の女性はショートステイの方だった。息子さんの送り迎えでこの施設を利用されているという。家族の暖かさ故か食欲旺盛だった。最後までテーブルに残って、食後のお茶もしっかり注文していただいた。

あと一人の女性の方は、二口三口食べて、あとがすすまない。指示通り寮母さんに対応をお願いした。聞けば極度の偏食癖という。

無我夢中どころか、何の物怖じもなく午前中の実習を終えた。自らの一時間の休憩をとって、早速に午後の実習である。

二時からはマット交換だった。この施設ではオムツをマットという言葉に代えて呼び、それは感情的配慮という。寮母さんの手動作を見習いながら少しづつ慣れていく作業の一つである。便は気にならなかった。むしろ体位を変換させながらの作業に勇気がいった。

終わると次はリネン交換と言われるベッドシーツの交換である。私としてはこれは文句なし。取りはずした古いシーツから塵芥がほとんど出なかったことに、この施設の入所者に対する細かな配慮が見てとれた。

それが終わると、次は夕食前の水分補給と忙しい。しかし私はこれでいいと思った。他校の若い実習生たちは閉口していたが、動き回ってこそ要介護の方々からの信頼が得られることは、朝からこの施設を見ていて気付いていた。ある女性の方に寮母さんが、

「今日からしばらくの間、お世話してくださる中西さんですよ」。

と、紹介してくださると、

「あァ、そう。しんどないか」。

と、早速労ってくださった。うれしいと思った。これからもこうありたいと思った。

夕食介助は本格的な全介助だった。慣れれば時間内に二、三人できるようにしなければ仕事にならないことも教わった。

あと片付けとホールの掃除をして本日の実習終了。大満足の一日であった。むしろ明日からが心配になるほどの上出来だった。

この後約一年、実習を中心とした老人福祉の勉強となる貴重な第一日だった。

職員の方に挨拶をしてホールを出ようとすると、今日介助をした女性に声をかけられた。

「お兄ちゃん、また来てね」。

「明日また来ますから、よろしくね」。

外へ出ると、春の黄昏が疲れた体を癒やしてくれた。

特養施設のコミュニケーション

ＪＲ学研都市線の駅から歩いて十五分ほどの丘陵に、その特別養護老人ホームがある。春の朝のまだ冷たい空気の中、同じ学院の相棒二人と上り坂を二日目の実習に向かった。オリエンテーションで時間をさいた前日と違って、今日から本格的に一日通しの業務実習である。挨拶を交わしながら時刻を待つ。

八時四十五分、申し送り。夜勤者からの説明のひとつひとつはわかっても、全体的にはまだわからない。しかし真剣にメモをとる。

午前中の実習は居室内清掃であった。この日の実習生は十人。うち私を含め男女四人がこの業務に割り当てられた。

この施設は二階に重度要介護者約二十五名、三階に軽度要介護者約二十五名、計五十名の老人がいる。寮母室は二階である。業務種々によって、各階の割り当てが日ごと時間ごとに変わる。だが業務全体としては、両階同じに目を配らなければならない仕組である。三階は四人部屋が六つに二人部屋が二つ。二階もほぼ同じ。これを担当寮母さんと総勢五人で二時間で行う。掃除機とモップに分かれて、二人一組で三階フロアの両端から始めることになった。私は女の子をたててモップ係である。このごろ私はアルバイトで病院の清掃をやっていた。掃いて拭いてのこの基本作業は、もはや十分である。だがそこは共同作業である。職歴もない若い実習生のペースにも合わせなければならない。

半分も終わると、掃除機の女の子は額に汗を流して怪訝な表情になった。寮母さんは、出来るところまででいいからと指図した。だが、タフに動き回る私にあおられたのか、何とか全部終えることができた。

アタシ仕事しに来たんじゃないのよ。もっと教科書的な実習がしたい。そう言いたそうな彼女を、私は目線で制する。

いいかい、入所者はそれぞれに一日一日の生活をされているのだよ。地味な作業こそ大切なのだよ。寮母さんが布団をベランダに干した時、春の光を浴びたシーツの白さ、外の景色の長閑さが見えたかな。お年寄りの方々も同じ気持ちだよ。これが心の通じ合い、教科書には出て来ない、介護作業の基本だよ。

私は作業中に二人の方に自己紹介してもらったよ。「ウチ○○言いますねん。覚えといてや」とね。丁寧な手つき、真面目な表情、我々の何気ない仕草こそ、信頼という最大のコミュニケーションになるんだよ。

もちろん言葉では言っていない。昨日初めて来た時から、私なりにこの施設に感じていたことである。

十一時四十五分、昼食介助。ここではまだ要領がわからず、立ちん棒となった。配膳をしながら入所者の名前と顔を覚えていく。普通食、キザミ食、ミキサー食と違いもあるので、入所者の特徴もわかってくる。下膳、配膳者の返却の仕方も覚えた。

夕食介助は全盲の方の半介助であった。視覚以外はほぼ健常。ホール参集誘導して普通食である。食器の位置と料理の内容を手触りと言葉で教えようとしたが、寮母さんは必要ないと言った。だが、お茶ならお茶、御飯なら御飯を先に全部と、不自由そうである。このことは実習日誌に記載して提出した。

下膳とホールの掃除を終えて、本日の実習終了。私はこのあと了解を得て、入所者のケース資料を閲覧させていただくことにした。

ここにはMさんという女性がいらっしゃる。重度認知症の方である。ショートステイの入所だったが、重症例のため一年余りの長期ショートステイとなった方である。

肢体に異常はない。重い情緒不安定である。常習徘徊と介助拒否、そして目薬を何時間置きかに求められるという特徴がある。

午後の雑用とコミュニケーションの時間に、私はこのMさんと接してみた。実習生はもちろん正職員もあまり近づきたがらないという。

お話を始めると、早速目薬である。寮母さんに頼んで目薬をもらう。目に異常はない。本人に内緒で容器の中身は蒸留水だそうだ。手順に従って目薬を差してあげる。ホールの中を連れ回されて少し経つとまた目薬である。「目薬ちょうだい。目薬ちょうだい。目薬なんでくれへんのん。目が見えんようになったらこの世は闇や。目薬ちょうだい」。

わかりました。目薬差し上げますと言えば、

「えっ！　どんな目薬くれはんのん」。

と、今度はギョッとなさる。

ケース資料を前にして思った。一日では何もわからない。さらに思ったのは、入所者を前にして、論理的思索など湧いて来ない。常に基本的な介助作業があるだけだ。また明日から期間終了まで精一杯の実習をしよう。

挨拶を済ませて寮を出ると、日はもうとっぷりと暮れていた。相棒たちは先に帰った。漆黒の天蓋の下を春の乾いた風に吹かれて歩きながら、今日も実りある一日を実感した。

特養の入浴介助

実習三日目になると、施設への道すがらの風景を楽しむゆとりが出て来た。ＪＲの降車駅は最近の建築で、設備がきれいだ。付帯する百貨店も人波が活気的だ。なにより歩く住宅街は住人のそれぞれの営みが見えるようで、気分も晴れやかになる。

気分の高揚は、本日の実習が入浴介助でもあるからだ。不安と期待半々で定刻を待つ。八時四十五分、申し送り。少しづつであるが一日全体の流れとしての情報が理解出来るようになっている。だが、まだ他の職員に情報を正確に伝えられるようにはなっていない。確実な観察、そして他者に理解しやすい言葉の選択など、これから学ばねばならない。

九時十五分、入浴介助実習開始。介護施設の入浴形態は大きく二つに分けられる。普通浴と特殊浴である。普通浴（一般浴とも言う）は、手引き介助などにて歩行が可能な方の介助であり、大湯舟で浴湯していただく。特殊浴（特浴とも言う）は、椅子に座ったまま、あるいはストレッチャー上などで洗体、浴湯を介助する。さらにそれぞれに、洗体、浴湯を介助する室内介助と、衣服の着脱を介助する室外介助とに分けられる。

初めての介助は、特浴室内介助であった。介助者は若い女性の寮母さん二人と私であった。二人は各々洗体作業をしながら、合間をぬって私の指導をする。まずは女性の方のかけ湯の指導。足先から上体へ。次にタオルとソープで洗体をするのだが、まごまごしていると、女性の体が冷えてしまう。まして担当した女性の方は、「寒い」「(湯が)ぬるい」などの訴えを小声でしか発せられない方だった。細心の注意と、それ以上に経験を積むことが求められる作業である。

もう少し強く体をこすってもかまわないですよと指導されても、おっかなびっくりになってしまう。洗体後は、個人浴のような小さな浴槽の湯につかってもらう。浴槽には常に新鮮なお湯が入り続ける仕組になっている。シャワーチェアーからのトランスファー介助であるが、通常のトランスファーより気をつかう。ここまで、頭で覚えるだけでなく、体で覚える作業であることを実感した。

女性の介助をすべて終えて、次は男性だった。ストレッチャーに乗って入って来たのは、大柄な方だった。頭にかけ湯をして洗髪をしてあげてくださいと指示されるのだが、やはり私は要領を得ない。ままよとお湯をかけたら顔までかかってしまい、「鼻に(お湯が)入ったァ」とボヤかれてしまった。

この大柄の男性は、Sさんというショートステイの方だった。この方とは実習二日目の午後が初対面だった。ホールの車椅子上で、「草履をかくされた」としきりに訴えておられた。寮母さんに聞けば、認知症による被害妄想だという。対応しようとすると、「放とけばいい」ということだった。

だが実際に接してみると、どうも被害妄想に思えない。出すぎたことだが対応してみると、この訴えは、帰宅の手段を奪われた→施設に自分を預けた家族に対する苦言、であるらしいことがわかって来た。そこで私は、

「Sさんのご損になるようなことは一切ありません。気持ちをごゆるりと持たれて、この施設にご自分をお預けなさいませ」。

と説明した。Sさんは小さくうなづかれ、以後私に対しては訴えはなくなった。

鼻にお湯を入れてしまった時、すぐ謝罪したことも相まってか、Sさんは入浴介助中も気さくに声をかけてくださった。寮母さんたちが所用で浴室を出た時、二人を指して、

「下の毛ェ、生えてへんのん違ゃうか」。

私はこの言葉の意味がわからなかった。帰って来た二人に、お二人のことを無毛症かとおっしゃってましたよと笑って伝えると、

「何ィ、Sさん私のことをズンベラボン言うたな。生えとるか生えてへんか見したろか」。

「見してェ」、とSさん。

再度二人が退室すると、

「十八、九か？」、とまたSさん。

そうか、そのことを聞きたかったのか。若い女性に世話してもらって嬉しかったのであろう。コミュニケーションにしても、まだまだこれから勉強だと思った。しかし早速にこんなざっくばらんなコミュニケーションを求めてくださったSさんを、私は嬉しく思った。

午後の実習は二階と三階のトイレ掃除だった。二階に一時間十五分もかかってしまった。三階の造りは二階と同じだったので、要領を得て四十五分。これは当時清掃作業員をやっていた私のノウハウである。都合二時間を要したのは、寮母さんによれば合格点という。但しトイレ掃除は通常業務ではなく、あくまで分担ゆとり時の臨時業務とのこと。

実習三日目にして正職員並みに動かせてもらった。疲れなどなかった。私は良い施設に実習に入ったのだと、この時強く思った。

買い物の外出行事

私のこの施設における十日間の実習期間は、好天に恵まれたのが幸いだった。さわやかな朝日が差し込む二階と三階のホールでは、朝礼と体操が日課となっている。

この施設はキリスト教系の施設である。よって聖書の一節が、二階三階入所者を集めたホールに、朝の挨拶言葉と共に放送される。この役割は、その日のリーダーの担当だという。私は十日間でリーダーの実習は回って来なかった。それが回って来た他校の実習生が、少し照れながら放送を行っていた。

聖書朗読が終わると体操である。お年寄りの体機能の維持や回復のために、どこの施設でもやっている。この施設はどこで手に入れた音源なのか、女性の声による軽快なリズムによる体操だった。「ラジオ体操第一、よーい」などと、男性の声による色気のないお馴染みのとは断然違う。

この日の実習は、ぜひ晴天であってほしいと思う施設定例行事だった。施設近くのイズミヤスーパーへの買い物外出である。もちろん入所者全員ではない。希望者を募り何名かに分けて、数日で行うということだ。

私は男性Jさんの付き添い補助を任された。当初徒歩の予定だったが、足が痛いと言われたため急きょ車椅子が調達された。

三日間寮にこもりきりの実習だった。外に出てみるとなるほど町の景色も空気も新鮮で、目にも体にも染みわたってくる。入所者は、この時の私以上の思いをしておられるのであろう。出かけるのが可能な方には、ぜひ対応してあげたい行事だと思った。またその予定日は、どうぞよい天気でありますようにと願う気持ちにまでなってくる。

車はこの頃すでに十分定着していた、車椅子のまま乗車出来る特別仕様のワゴン車である。だが器材はすべて、電動ではなく手動式だった。一度には覚え切れない操作手順だ。

店に着けば、私は終始Jさんの車椅子押しの介助をすることになる。商品の種類や値段など、何をおすすめしたらよいのか、何をお求めなのか、大変気を遣う。Jさんはあっさりした方で、自分の購入予定の物だけ依頼して、買い物をされた。

だがそれ以上に気を遣ったのが、他の買い物客に対してである。何人かで横並びに談笑しながらの客が大変多かった。

「恐れ入ります。車椅子を通して下さい」。

と何度も声をかけて道を譲ってもらった。

しかし大層感心したのは、イズミヤの店員に対してである。とても親切に応対してくれたのである。Jさんは買ったマスクメロンを、贈答品にしたいとおっしゃった。贈答コーナーは上階にあったが、お客様用エレベーターはなかった。そのため業務用エレベーターに案内してもらった。

贈答コーナーでは、送り状の代筆を依頼された。Jさんは贈答先の娘の氏名、住所、電話番号、施設の住所、電話番号を正確に記憶しておられた。係員の応対も親切だった。さわやかな一日を、店員さんたちが一層さわやかにしてくれたと感じた。

買い物を終えて、四名の入所者、職員、実習生みんな集まって、喫茶コーナーで休憩をとった。私はこの時初めてJさんに、宝塚市の仁川からこの実習に通っていることを伝えた。するとJさんは、にこやかな顔がますますにこやかになり、

「兄ちゃん、ワシは県尼《けんあま》の第一回やで」。

とおっしゃった。県尼とは、兵庫県立尼崎高校のこと。この方は新制高校卒ではあるまいので、旧制尼崎校中学校のことであろう。

「ワシは、尼中第一回のばりばりやで」。

と、言葉ではおっしゃらなかったが、そう言いたそうな表情が詠みとれた。

施設にもどって居室まで送ると、

「ワシの部屋はここや。覚えといてや」。

と言ってもらったのは、本当にうれしかった。真心を込めて行えば、必ず良い答えが返ってくる仕事であることを実感した。

午後の実習は、ベーシックな業務の反復実習だった。マット（オムツ）交換は何回か目だった。この作業だけは相当な勇気がいる。実習四日目で、まだ一人も完全にはやれていない。特に大便には圧倒された。実習が終わりに近付いた日、大便に困惑していると、

「中西さん、いつまで人に頼っているの」。

と、叱責されもした。

清拭タオルの準備の仕方も教わった。これも以前のトイレ掃除同様、作業の合い間に行う作業であると教わった。

この日で、施設の一日の業務の流れが大分わかって来た。こうなるとこの介護の仕事に愛着が出来て来る。このことは実習修了後も、発展的に学習していくことになる。

またこの日は、多くの人との接点もあった。多くの人に支えられて行う業務。この後もずっとずっと発見していくこととなる。

実習日誌の指導助言

実習五日目になると、提出しておいた実習日誌が担当寮母の指導助言が書かれて返ってくる。その中のひとつに、次のような記述があった。

「入所者の一部分だけを見て、その方を判断することのないよう気を付けてください」。

私はこれを読んで、いささか穏やかでない気持ちになった。このようにならないように気を付けていたのだが、やはりそう見られていたのか。

話はさかのぼる。私は二十台から三十台にかけての四年間、生まれ故郷の丹波のタウン情報誌にエッセイの連載をしていた。そのモチーフというのが社会批判だった。特に教育界には、体験を元に手厳しく批判をした。

だが、今思えばいささか難点が残る。十分な資料収集や取材はしていなかった。その分文章を発表する心構えは学んだ。批判というものがいかなるものかも、折りにふれて学び続けた。

「批判は誰にでも出ェ来ィるゥ」

などと、私を軽蔑視した大卒の知人がいた。大変困った大卒である。批判は誰にでも出来ないのである。

まず、批判とは変換再構築における弁証論の世界であること。そして、何を基軸においてどの方向性を以って、何を生み出したいのかを明確にする必要がある。

ひとたび批判をすれば、その責任性はどこまでも付いて回る。であるから連載終了後も、例えば地方町村では教育委員会がなぜ郡単位で運営されているかなど、明確に追究した。

前出の指導助言をしたのは、Eさんという女性の寮母さんだった。まだ若かった頃の私の風貌がEさんには目に付いたのだろうか。この方は大変細かい人で、他も色々な指導を受けた。廊下の水拭きをやっていたら、

「バケツにこんなに水を入れたら、モップのすすぎがしにくくなります。もっと水量を考えて入れましょう」

などと注意された。だが不快は感じなかった。E寮母さんはいい人である。これからもしっかりと指導を受け入れたいものだ。

そんなことに心ざわめきながらもしかし、今日も平常心で実習を行わねばならない。

今日の午前は、昨日に引き続き買い物外出の付き添いだった。女性のNさんは独歩の方であるが、腰が痛いということで車椅子での出発となった。

店に着いてNさんは、早速に衣料品売場を求めてくださった。カーデガンを探し当てると、早速何やら品定めである。送迎車の中からずっと、何かとお話し好きの様子である。値段、柄、色、サイズなどに色々と注文がある。衣服の左脇に縫い込んである洗濯ネームまで見て、私に問いかけて来られる。車椅子を押しながら衣料品コーナーを巡ったが、「エエもんはやっぱり高いなあ」のボヤキ節となった。「エエもん安いのんが云々」の有名なCMで突っ込んであげると、「ほんまにそうやで」と、件のCMも御存知だった。

こんな場合、手ぶらで帰ることに介助する側は罪悪感を感じてしまう。だがNさんの場合はこれで良かったようだ。あれでもないこれでもないの愚痴。それに一所懸命応えてあげることも、立派なコミュニケーションだ。

十日間の実習最終日、生活相談員の指示で、特によくお出会いした入所者何人かに、お別れの挨拶に行った。Nさんは、

「もう帰らはんのん。また来てよ。アンタは親切やからなあ」

と、言ってくださった。本当にうれしかった。一所懸命な態度こそ、お年寄りが介助現場に求めているものなのかも知れない。今回の実習の大きな収穫のひとつだった。

夕食介助はベッドにおける寝たきりのWさんという女性の方だった。嚥下に問題はない。発語も可能である。上下肢の昨日低下ゆえの寝たきりである。

主食副食六割ほど介助したところで、「もう、いらんで」と、まだ食わせるのかと言わんばかりの顔をされてしまった。その場は即下膳したが、Wさんの場合も考察の余地の残る実習だった。

前回介助した時は、無言で全量を召し上がられた。初対面の私に遠慮なさっていたのだろうか。どんなお年寄りにも、本音で用を申し付けて頂きたいと思う。そのために努力しなければばならない。出来れば初対面時から本音で接して頂くことが理想である。そのための努力とは一体何なのか。大いに考えさせられる出来事だった。

実習を終えて帰宅の駅に向かうために、いつもの住宅街を歩く。その足取りが軽くなっていることに気付く。実習が順調に進んでいるようだ。だが、また明日がある。安堵と緊張を胸に三月の夕暮れの空の下、何人ものお年寄りの笑顔を思い出していた。

一日の業務の流れ

この施設では、やる気のある実習生にはどんどん業務を与えてくれる。また、オムツ、食事、入浴といった単元だけでなく、業務全体の流れもしっかり教示している。おかげで私は実習三日目から、正職員並みに動くことが出来た。入所者の一日の生活の流れも、徐々にわかって来た。

この日はレクリエーション（以下レク）の実習だった。だが早速に、担当の先生が遅れて来るということだった。入所者の皆さまはホールに車座になって待っておられる。その日の担当リーダーのすすめで、風船を使ったレクでつなぐことになった。もちろん物怖じせず役を買って出たが、いざ入所者の前に出てみると緊張は並みではない。冒頭の挨拶、どんなゲームをするかの各人への説明など、かなりの口弁を必要とする業務であることが早速にわかった。入浴時のかけ湯の声かけの比ではない。果たして皆さんは楽しんでくださっただろうかという思いも強く残った。

先生が現れて、ようやく専門指導の下のレクとなる。先生持参の専用器具によるゲームと、手足を使った歌体操だったが、歌体操が印象に残った。女の先生独特のやわらかな歌声だった。初めて聞く歌だったが、幼児向け歌謡であることはすぐわかった。

グーチョキパーで、グーチョキパーで、
何作ろう、何作ろう。
右手がチョキで、左手もチョキで、
蟹さんヨ、蟹さんヨ。

歌に合わせて上肢下肢や指関節を動かすことにリハビリ効果がある。だが残存機能のある人、少ない人、片マヒで片手が動かない人それぞれあり、やはり気を使う。要領を得ない人には、その人の前に出て行って手本を示してリードして行かねばならない。そして全体的には、楽しい雰囲気を作ることが大切であるとわかった。

では、アナタも何かやってみましょうと、先生は歌体操の応用編を私に振って来た。何が出来るだろうとドキマギしたが、こんな場合意を決して行わねばならない。

グーチョキパーで、グーチョキパーで、

何作ろう、何作ろう。
右手がパーで、左手もパーで、
お星さま、お星さま。

本当に即興であったが、入所者の皆さんは体を動かしてくれたようだ。最後の締めも、先生は私に振って来た。またもドキマギしている私に、『大きな栗の木の下で』なんか出来ませんかとおっしゃる。そういえば幼稚園の時やったかすかな記憶があった。またしても車座の中央に出てやってみたのだが、いろいろと頭の中に宿題が残った。中途半端に体を動かしていては、受け手はどう体を動かしてよいかわからない。しっかりと演技をマスターしていないと、娯楽という点でも入所者には納得してもらえないだろう。レクもまた、悩ませられることの多い業務のひとつになるのではないかと思った。

午後は普通浴の洗体介助の実習だった。浴室内は特浴のように器具が置いてあるわけではなく、普通の銭湯とほぼ変わらない。ただし要所に手すりが設けてある。ここでも入所者によって、洗体がひとりで出来る人、介助のいる人、背中だけ流す人など、それぞれある。担当寮母さんはその要点だけを私に説明して、着脱介助に回った。そして一人の寮母さんが、同時進行している特浴へ回ったようだ。普通浴の室内介助は、実習生の私一人となった。これは生活相談員の判断と指示のようだった。普通浴と言っても、安易に出来るわけではない。だが私はこのように判断してもらったことをうれしいと思った。

要点は教えてもらっているので、洗体の見守りを行う。「背中を洗ってください」と、声をかけてくださる人もいた。そして洗体が済んだ人の湯舟までの見守り。ここは多くの方が、手引き介助が必要だった。

認知症で洗体すべて介助が必要という方が入って来た。この方を介助していると、別の方が「もう上がってエエか」と湯上がりを求めて来た。手引き介助が必要である。だが洗体中の方は「寒いーっ、寒いーっ」と叫んでおられる。さあどうする、私一人で。

まず洗体中の方に入念なかけ湯と声かけで落ち着いて頂いた。そして足早に湯上がりの方の手引き介助を行い、さらに足早に洗体者の介助を続行した。こうして事故なく、実習生の段階でのっけから介助に成功した。

この六日目で、すべての業務を実習したようだ。あとは十日目まで反復の業務実習だが、もちろんそこでも新しい学びはあった。

実習生であっても老人介護の喜びをたくさん得ることが出来た。正職員として就職すれば、また新たな責任性は生まれるだろう。だが明日につながる実習期間であったことを、この施設に感謝という気持ちで締め括った。

高齢者レク・将棋対局

私は高校二年の時、日本将棋連盟から初段を認定された、と記憶している。三十五歳で老人介護の勉強を始めた時も、初段程度の棋力は残っていた。これは老人介護にはもってこいだろうと思った。だが意外にも、全国的に静かなブームという世間情報とは裏腹に、将棋を指す施設利用者は稀だった。ヘボ将棋は少しいた。だがアマ二、三段のツワモノはほとんど出会えなかった。

大阪府門真市の特養にボランティアに行った時の事だった。ボランティア担当事務員さんに、何気なく将棋初段である事を述べた。「じゃあ、お願いしたい人がいらっしゃるんですが」と紹介されたのが、Tさんというアマ二段の男性の方だった。入所以来相手らしい相手に恵まれず、淋しさがつのっていたとのことだった。初段の私を見て、喜びと言うよりも「ホッ」とした表情を見せられた。

寮母さんの指導のもとに、Tさんを車椅子にトランスファー介助する。認知症（当時は痴呆と言った）が進んでいるとの注意も受けた。特にレクリエーションルームはないので、階下の食堂のテーブルに促される。

テーブルに将棋盤を広げて、駒を出す。Tさんは黙々と駒を並べている。正確であり、ひとつの間違いもない。介護を勉強中の私であったが、そこそこの知識はあった。この人のどこが認知症なのかと思った。

指し始めて、Tさんは早速に振り飛車戦法を採る。飛車は最初、盤の右半分の位置にある。この位置のまま戦うのが、居飛車戦法。振り飛車とは、一手の手数を要して飛車を左半分の位置に置き替える戦術である。真ん中五筋に置くのが、中飛車。六筋に置くのが、四間飛車。七筋に置くのが、三間飛車。八筋に置いて相手の居飛車と向かい合うように置くのが、向い飛車。

お年寄りは、この振り飛車戦法を好むらしい。居飛車は序盤の駒組みに手数《てかず》がかかる。どうもそれが億劫に感じるようになるようなのだ。

中盤のさばきの段階に入って、Tさんの棋風がすぐにわかった。豪快な攻め将棋ではなかった。温和な人柄が表れた棋風だった。

この日は二番指した。日を改めて再度訪問してもう二番。計四局指して、Tさんの三勝一敗。その中で、忘れられない一局があった。大接戦の終盤の寄せ合い。私、渾身の一手。それをTさんは、「うーん?」と一言唸って、一手勝ちの局面を読み切ってしまった。一手勝ちとは、私の王様は詰むが、Tさんの王様も詰み、その早い遅いがわずか一手の違いであることを言う。今思い出しても、ただただ恐れ入る。これが要介護の方なのかと。

この後は施設にも行事日程があり、私との日程調整がつかず、立ち消えになってしまった。ボランティアとしては少々無責任であったことを、今も恥じている。だが、Tさんの事はいつまでも忘れず、とりわけ認知症に関しては入念に観察判断する、その後の私の介護の重要な糧としている。

老人保健施設に正職員として入職してから出会ったのが、元公務員のMさんだった。この人も二段の男性だった。パーキンソン病で、体幹保持が不安定である。だが、将棋対局の声かけには喜んでくださった。

この施設の介護職員であるため、勤務時間内の対局はまず無理である。そのため対局時間は、いつも私の夜勤明けの時間利用だった。

Mさんは盤に駒を並べようとするが、パーキンソン病のためうまく並べられない。そのため時々並べ直してあげなければならなかった。だがMさんの棋風には、少しの障害もないようだった。

この方も振り飛車党だった。しかも急戦派だった。飛車を後ろ盾に銀将を使って攻めるのは、言わば常套戦術。だがあの切れ味鋭い銀は、攻められる私には剃刀に見えた。しかして私の陣はたちまち攻め破られた。そう、五連敗ぐらいしただろうか。

何とかあの銀を封じる手はないだろうか。介護している私の方が、もう躍起になっていた。それは歩兵であった。歩を突くことで、何とか銀の動きを封じることに成功した。これは計らずも持久戦を注文することになった。そして私は勝った。どうやら豪快な攻め将棋のMさんは、持久戦に弱いらしい。

そうこうして互いの手の内をさぐり合いながら、二十番指してMさんの十三勝七敗だった。Mさんは良い指し手が浮かぶと、「プッ！」と笑う癖があった。かなり勝敗にこだわる棋風でもあった。だがそれ以上に、将棋そのものが好きだったようだ。駒はうまく並べられなくても、頭の中には必勝の対局図が浮かぶのだろう。そんな事を思い描く私も楽しくなって来る。Mさんはもちろん喜んでくださったが、良い対局相手に恵まれた私も大変うれしかったのだ。

私は一般棟の介護職員だったが、階上の認知症棟にはYさんという男性の方がいらっしゃった。この方は三段だった。初段の私が太刀打ちできるかと、少しそう思った。ある夜勤明けの日に、思い切って対局を申込んだ。

あご髭をためて悠然と椅子に座っているYさんに、自分は初段であることを説明した。「まあ、やってみましょう」と言わんばかりに、これも悠然と受けてくださった。認知症棟入所者だが、この方も駒を正確に並べている。棟の職員によれば、暴言や介助拒否があるということだった。だが対局中ずっと観察しても、そんな素振りは全くうかがえない。

さてこのYさんとの第一局は、今でも覚えている。相居飛車の私の雀刺《すずめざ》し戦法だった。相居飛車とは、双方共に居飛車で戦うこと。雀刺し戦法とは、引角《ひきかく》から相手の左端を攻めて、陣地突破を計る戦法である。

Yさんの隣に座っていた男性の入所者も、将棋がわかる様子だった。私との対局を勧めてみたが、「私はいい」という事だった。「見るのが好き」ともおっしゃった。

結論を先に言うと、Yさんの棋風は徹底した受け将棋だった。私は角を後ろ盾に、銀将、桂馬、香車、そして飛車を駆使して、うまく攻める事が出来た。何度勝ったと思ったかわからない。Yさんは、「いや、ワシの方が悪い」「まだまだワシの方が悪い」とつぶやき続けた。だが熟考の受け手は絶妙だった。そしてついに受け切ってしまった。

「アンタ、指し切ってもたな」

このYさんの促しで、私の投了、Yさんの勝ち。指し切り将棋とは辞書によれば、手に持っている駒を使い切って、指す手がなくなることとある。

Yさんとは二十二番指した。この間Yさんは認知症棟から一般棟に転棟して来られた。対戦成績は十一勝十一敗の指し分け。一時私は七勝九敗と負け越していたが、最後頑張ってタイに持ち込んだ。これはYさんの手加減によるものと思われる。対戦を面白くするためだろうか、上手に手を抜いてくる。おかげでお互いに、居飛車、振り飛車、色々な戦法を楽しんだ。この楽しむ将棋こそ、Yさんの対局への注文だったのだ。なかなかのお人柄である。こんな方に暴言や介助拒否があったなど信じられない。一般棟でも、全く問題なく施設生活を送られた。

Tさん、Mさん、Yさんと将棋を指して、強く感じたことがある。それは、たとえ体は要介護であっても、頭の中は紛うことなき現役のアマチュア棋客であるということである。私はこれを力説したいと思う。

プロや高段者が対局後に行なう、感想戦と言うのがある。相応の棋力のある人なら、対局終了後も指し手順を覚えている。それを盤上に再現して、好子、次善手、疑問手、悪手などを検討し合う。三人との対局に、さすがにそれはかなわなかった。だが、Mさんに私のあるひとつ印象に残った事がある。

Mさんは、奥様や息子様がよく面会に来られていた。ある時二人の方に、Mさんの将棋を褒めて差し上げた。豪快な急戦将棋と剃刀のごとき銀使いに、完膚なきまでに打ちのめされたと申し上げた。するとMさんはパーキンソンの体をゆすって、「エヘヘヘヘ」と破顔一笑された。忘れられない笑顔だった。二段も指せるMさんである。家族に自慢したい対局図や勝局図は、すぐに脳裡によみがえってくるのであろう。初段指せる私だから、Mさんの心の中はすぐに理解できた。

「芸は身を助く」という諺がある。将棋初段の私の芸は三人の方をも助けたのだと、自分で述べるのはおこがましいが、そう思う。一方で三人の方との対局で、レクリエーションには専門性も責任性も不可欠であることがわかった。これこそ身を助くである。人を楽しませようと思えば、知性も理性も必要である。それを確信した上で、今後の老人介護の糧にしようと思っている。

高齢者レク・高校野球校歌

「どんなことでもいい。何か一つ目標を見つけて、それを達成することです」。

高校三年の時、日本史の教育実習生に、大学四年間を有意義に過ごすには、と質問した級友がいた。それに対する実習生の先生の回答が、右の言葉である。

これを聞いて私はその目標を即座に決めた。当時すでにＮＨＫが完全中継していた春と夏の高校野球だ。ひと大会の開幕第一戦から決勝戦まで、全試合のスコアブック付けを決めた。昭和五十五年の春センバツから、昭和五十七年の夏の選手権まで、完全記載に成功した。今も私の大切な宝物である。

当初予定にない事も出来た。試合後、勝利校の校歌を演奏し、校旗の掲揚を行う。その校歌を数十校覚えてしまったのだ。これは現在に至るまで徐々に増えて、今では五十校分ぐらい覚えている。

せっかく身についたこの芸を、やはりどこかで披露したいと思っていた。果たしてそれは、三十九歳で入職した老人保健施設の、レクリエーションの時間であった。

老人保健施設では、入所のお年寄りの機能回復のために、一日一回必ずレクリェーションを行わなければならないと定められていた。レクリェーションは、毎度介護職員の頭を悩ませる業務分担であった。

入職して三年目の春四月の事だったと記憶している。ある日レク分担が回って来た。いつもは何をやっていただろう。お茶を濁していたと思う。ままよ今日はアレで行こう。それが甲子園強豪校の校歌独唱であった。

伴奏などない。歌詞カードをレク参加のお年寄り一人一人に配るわけでもない。完全なアカペラであった。結論を先に言うと、お年寄りの方々は大変喜んでくださったのである。この日私と同じくレク担当だった女性職員が、レク日誌に中西さんの校歌が入所者に享《う》けると書いてくれた。他人評がしっかりあったのだから、間違いはないであろう。この日はどこの校歌を歌っただろうか。肝心の所は記憶にない。おそらく近畿圏を中心に、テレビでお馴染みの強豪校を十数曲歌ったのだろう。

これで私は、校歌レクリエーションに大いに自信を持った。時折であったが、この職場で何度の披露した。この老健を退職し、他所の施設に移っても、大いに喜ばれ楽しんでいただくことは同じだった。

エピソードもたくさんあった。先ず、リクエストを受けたことである。老健の地元兵庫県の、東洋大姫路高校と滝川高校の校歌を歌い終えた時だった。ひとりの女性が手を挙げて、「報徳学園をお願い出来ませんか」と言われた。理由をうかがえば、息子が報徳の野球部で、三年間でとうとう背番号が貰えなかったが、一生懸命やっていたことを思い出したと言われた。ならばとご注文の校歌を歌って、この方とは冗談も言い合える仲になった。

職場が替わってケアハウスである。花見の行事があった。余興で早速に、生まれも育ちも京都だとおっしゃる男性の方から平安高校（現・龍谷大平安高校）のリクエストがあった。平安ファンというのは全国各地に居るという、高校野球ファンに愛された大古豪だ。

明確な回想療法となる事例もあった。生まれも育ちも神戸市須磨区と言う女性は、「ウチ、元気な頃は滝川高校のそばを歩いてスーパーに買い物に行きよったんやで」と、話してくださった。この方は大の阪神ファンでもあった。また、別の女性は、「私の叔父さんは京都大学の学生で、制服の角帽がとても格好良かったと子供心に感じた事を思い出した」

と、目を輝かせておっしゃった。

奈良県立郡山高校の校歌を歌った時の事だ。歌詞は次の通りである。

生駒嶺《いこまね》遠く仰ぎ見て

新緑《さみどり》匂う山々を　（歌詞以下略）

レクが終わって、ある男性が、

「中西さんよ。郡山から生駒の方を見たら、そういう風に見えるだろうなあ」

と、ニコニコ顔でおっしゃった。なんと歌詞までちゃんと拾ってくださっていたとは。この方は島根県の出身で、郡山には土地勘がないはずなので、本当に驚かされた。

これらエピソードを得た時、生半可な気持ちでこのレクをやらなかった自分に、まず安堵する。自分の楽しみ事から出たレクであるとは言え、それを他人に楽しんでもらおうと思えば、その責任は重い。その責任性をお年寄りは、入所者という立場から見ている、あるいは楽しんでいるのかも知れない。

高齢者に喜んでもらったことは、すべて自分の芸として身に付く。お年寄りとは、若輩者にこのような教授をしてくれる存在なのである。楽しんでもらえることを大真面目にやるという、至極当たり前のことも改めて会得した。こんな素晴らしい事は、今後も行いたい。

高齢者レク・東京六大学校歌応援歌

私は東京人に問いたいのである。東京六大学野球をこうもあっさり見捨ててしまって良いものかと。関西人が春と夏の甲子園球場の高校野球を見捨てるなど、到底考えられない。

私が大学一年の昭和五十四年の時だ。後に阪神タイガースの主力選手として日本一を達成し、監督としてもリーグ優勝を経験した岡田彰布さんが、早大の主将を務めていた。このスター選手の卒業をもって、東京六大学の人気はかげりが見えたなどと言われた。その後の入場料収入の激減は、リーグの運営をも圧迫したという。

元日本高等学校野球連盟会長の牧野直隆氏（慶大卒）は、次のようなことを言っていた。「時代は変わりましたねえ。私らの頃は、優勝しても早慶戦に負けたらダメだ、というのがありましたからねえ」

今、早慶戦の学生応援席は、往時をしのぶ影もない。両校共に、付属、系列校の生徒に動員をかけ、さくら応援をやっている。

かつては全国区の人気と関心を誇った東京六大学野球である。東京人は、それを誇りに思わなかったのだろうか。早慶戦なら超満員、その他のカードでも四万人以上入った大観衆は、六大学の素晴らしさを語り継いで行かなかったのだろうか。

かつて大隆盛を誇った東京六大学野球。それは今の高齢者の心にどう残っているか。すなわち今の要介護老人の昔日、六大学は国民的関心事だった。そこで私は施設のレクリエーションで校歌や応援歌を歌ってみた。それはもう、お年寄りは大層喜んでくださった。特に人気だったのが、早稲田大学校歌の『都の西北』だった。それと慶應義塾大学の第一応援歌『若き血』。もう一つが明治大学校歌であった。この三曲が古い唱歌集に載っているのには、私も驚いた。国民的愛唱歌として歌われていたのである。

最初に就職した老人保健施設でも、再就職したケアハウス・特別養護老人ホームでも、享《う》け方はどこも同じだった。特に早稲田の都の西北は、追《つ》いて歌われる方が多かった。こんな女性の方がと失礼ながらそう思う方が、ちゃんと歌詞をご存じなのである。ニコニコ顔で歌ってくださることは、レクをやっている私にはとても嬉しかった。

エピソードもたくさん得ることが出来た。特筆すべきは、ケアハウスにいらっしゃった当時百歳のSさんである。職員をつかまえて「アンタらより丈夫や」が口癖の男性は、特に都の西北がお好みだった。椅子から立ち上って、声を張り上げて歌われるのである。

早稲田にまつわる話も教えていただいた。若い頃は東京都内の洋服の仕立て販売の商家で、丁稚奉公をしていらしたそうだ。ある時店の先輩に、早稲田大学の構内に連れて行ってもらったという。

「杖を突いたおじいさんが歩いとった。あれが学長の大隈重信やと教えてもろた」

と、懐かしそうな表情で話してくださった。生きた大隈重信をご存じの方を私は介護したのかと思うと、この仕事を選んで本当に良かったと思えて来る。

その他にも、法政、立教、東大と、私はすべて歌ってさし上げた。この三校はややマイナーなので、次は立教の応援歌ですよ、次は東大の校歌（正しくは第一応援歌）ですよと説明をすれば、やはり楽しんで聞いてくださるのであった。

このレクリエーションは、私自身が東京六大学野球が大好きだから享けたと言える。全く関心のない人が形だけ歌詞やメロディを覚えても、果たして享けるかどうか疑問である。私は大学四年間、神宮球場に通い詰めた。野球の試合そのものよりも、各校応援団員による学生応援席が大変面白かった。もちろん試合の方も、五十試合以上のスコアブックをつけた。今も座右の宝物である。それはそれで、あの学生応援席の楽しさを分けてあげられないだろうか。そんな思いから始めたレクリエーションであった。はからずもお年寄りの方から、私自身が得ることが多かった。現在の五十歳台から四十歳台にかけては、東京六大学野球に何らかの関心を持ち続けた世代と言える。当分有効なレクであろう。

六大学の楽しさを知らない世代がこのレクをやろうと思えば、どうすれば良いのだろう。今でも細々ながら校歌応援歌集のＣＤレコードは販売されている。それらを聞いて、まず好きになることだろう。いずれも明治・大正期の遺物ながら、楽曲としての完成度は高い名曲ぞろいである。好きになるのは容易であると私は思う。

長い間全国民に愛された東京六大学野球。その校歌応援歌を要介護になっても愛し続けているお年寄りに敬意を表したい。私の知らないもっと熱い六大学野球を、おそらくご存じなのだろうから。

高齢者レク・鉄道唱歌東海道の旅

汽笛一声新橋を
はやわが汽車は離れたり　（歌詞以下略）

私が明治維新に関心を持ったのは、昭和四十三年の小学三年生の時だった。奇しくもこの年は、明治百年と言われた年だった。であるから明治五年の鉄道開通は、九十五年前の事として記憶した。現代は大正生まれが百歳になる時代。汽笛一声は百四十年以上前の事。明治は遠くなりにけりである。

そもそも鉄道唱歌集が地理教育として発行されたのが、手許の資料によれば明治三十三年。今の要介護老人の両親の世代である。その鉄道唱歌東海道編を歌いながら、それぞれの土地のエピソードを話す。このソングアンドトークが私のレクリエーションである。

開通当時は駅にホームはなく、車両の出入り口の所に石積みがしてあった。そこで残された笑い話は何か。それは乗客たちが、下駄や草履を脱いで乗車した事である。列車は去り石積みの上に履物だけが残り、駅員を呆れさせた。私ごとき若輩物のこんな聞きかじりを、お年寄りの方々は興味深そうに聞いてくださるのであった。

支線をあとに立ちかえり
わたる相模の馬入川《ばにゅうがわ》
海水浴に名を得たる
大磯見えて波すずし

私ははて？　と思った。水着のなかった江戸期明治期に、特に女子《おなごはん》はどうやって海水浴をなさったのだろう。そんな話をすると、女性のお年寄りが答えてくれた。女の子は襦袢と腰巻（以下お腰と言う）姿だったそうだ。

このお腰論議はお年寄りの方々には大変懐かしく、たくさんの場所での話を聞かせてもらった。「女学校の運動会の徒競走でも、活発な子はお腰で走ってましたよ」と話す女性の方もいらっしゃった。

はるかに見えし富士の嶺《ね》は

はやわがそばに来《きた》りたり　（歌詞以下略）

富士山についても、お年寄りは貴重な体験を持つ人が多かった。旧制高等女学校の学校行事で、富士登山を体験した人が多いのである。山頂まで行った人、七合目で悪天候に足止めされた人など、思い出話が次々と出た。

高女というと良妻賢母教育という私の観念は覆され、どうしてどうして今の新制高校に負けない楽しく活発な行事が多かったようだ。皆さんの楽しそうな笑顔に、私も熱が入る。

煙を水に横たえて
わたる浜名の橋の上　（歌詞以下略）

浜名湖というと、鰻の養殖である。鰻の寿命をご存じですか、それは七十年ですと私が述べる。では何年ぐらいが食べ頃ですかと聞き返したのは、側に居た別の介護職員だった。若造のこんなやりとりよりもお年寄りの心をくすぐったのが、天然鰻を食べた話だった。

不肖私にもわずかに体験がある。養殖でブクブク太らせる今の鰻も、もちろんおいしい。だがあの天然鰻のコリコリとした食感と山椒醤油は、ご飯によく合ってたまらない。お年寄りの口の中に、そんな記憶が蘇るようだ。

　東京から神戸まで、東海道を中心とした歌と話の旅である。幸運にも生誕地や居住地がそこに当たった人は、特に口数が増える。土地唄を披露してくれた、静岡出身の男性。

「アタシ、生まれも育ちも愛知県の三河やから、この辺の話は任せて」

と、意気高い女性。

「ワタシ、十年ほど滋賀県の水口《みなくち》に住んでましたの」

と、上品に述べられた女性。

　滋賀県といえば近江八景である。瀬田の夕照《せきしょう》、唐崎の夜雨《やう》、粟津の晴嵐《せいらん》、堅田の落雁《らくがん》、比良の暮雪《ぼせつ》、石山の秋月《しゅうげつ》、八橋《やばせ》の帰帆《きはん》、三井の晩鐘《ばんしょう》。これを江戸時代の狂歌師太田蜀山人が、三十一文字《みそひともじ》に詠んだそうである。

　　乗せた（瀬田）から、先（唐崎）は逢はず（粟津）か、只（堅田）の駕籠、比良石山や、
　　馳せ（八橋）らして見い（三井）。

　これは私が桂米朝師の落語カセットから得た知識である。若い者がこんな耳学問をお年寄りに披露しようと思うならば、細心の礼を尽くさねばならない。このレクリェーション

で、私はこんな事も体得した。

大学の一般教養で人文地理や自然地理、歴史、自然科学概論などを学んだ。高校の古文や日本史も覚えていた。もちろん雑学知識もたくさんあり、それらが図らずも役に立った。

ひとりの女性が、「いろんな事を思い出すなあ」と言われた。東海道でない土地の人も、それぞれに回想をめぐらされたようだ。

一部の方にはインテリ度の高いレクリエーションであっただろうか。ほとんど話に追いて来ない素振りの女性がいた。しかしその方が最後に、「ありがとう」と言ってくださったのは、私として大変うれしかった。

力一杯、そして信義を尽くしたという自負が、私にあったからだ。

高齢者レク・唱歌民謡懐メロ

平成七年三月、大阪府内の特別養護老人ホームに実習生として赴いた。当時在籍していた老人介護の専門学校の、最後の教科であった。実習の何日目だったか、レクリェーションの実習を受けた。今は思い出したくないような、完全な幼児向け歌体操だった。

グーチョキパーで、グーチョキパーで
何作ろう、何作ろう
右手がチョキで、左手もチョキで
蟹さんヨ、蟹さんヨ

お年寄りは幼児に返ると、完全にそう信じられていた頃の話である。

この三年後、私はようやく神戸市内の老人保健施設（以下老健）に就職することが出来た。

老健では機能回復訓練のために、必ず一日一回のレクリェーションを行わなければならなかった。持ち芸の無い身に、レクの業務分担は嫌だった。何か歌を歌おうということになっても、童謡は絶対歌いたくなかった。お年寄りが幼児に返ることなど、何としても信じたくなかったからである。

たまたまカラオケ器材があったので、それを使うことにした。カラオケには自信があった。だが、私が歌えるのは、主に岩崎宏美と中森明菜だった。二十八歳頃からカラオケに興味を持ち始めて、レパートリーは増えていた。何かを歌ったはずだが、何を歌ったか、さすがの私も記憶にないのである。『憧れのハワイ航路』や『銀座カンカン娘』『高原列車は行く』などの懐メロは、好きではなかったのである。全く以って、唱歌、民謡、懐メロをお年寄りの前で歌うのは、私にとって甚だ鬼門だった。

神戸市の老健を退職して、芦屋市内の老健に再就職した。配属されたのは、一般棟ではなく認知症棟だった。神戸の老健の一般棟では、高校野球校歌や東京六大学校歌を歌い、大変喜ばれた。認知症棟では、さすがにそれはためらわれた。何とか認知症のお年寄りに喜んでもらう方法を考える必要があった。

まず考えたのは民謡だった。だが自分が好きでもない物を歌って、皆さんは喜んでくださるだろうか。そこで、高校や大学の校歌を歌い、好きなればこそ享《う》けるのプロセスを思い描いた。ならば民謡を好きになればよい。そこで出版物を購入して、まずは歌詞を素読みしてみたのである。さすればなるほど、民謡というのは艶っぽい世界なのであった。好きになるのに時間はかからなかった。

ならばいよいよレクの時間である。南から北へ、アカペラで歌って行った。レク参加者にまずは鹿児島出身の男女が一人ずつおられたので、『鹿児島小原節』を喜んでもらった。男性は、教科書にない小原節の歌詞を、即興で教えてくださった。

ゆんべ見た見た　やあっけなァ夢を
桜島をば　オハラハァ　べぼが引く
「べぼ」と言うのは、鹿児島弁で子牛のこと。
見えた見えたよ　松原越しに
丸に十字の　オハラハァ　帆が見えた

丸に十字を女性の方は即座に、島津家の御紋と答えられた。「鹿児島は良かとこですよ」と、ニコニコ顔でおっしゃった。

これで大いに自信をつけた私は、唱歌、懐メロも同様の要領で歌っていった。

芦屋の老健を退職して、宝塚市内の特別養護老人ホーム（以下特養）に再就職した。ここでは、特養、ケアハウス、デイサービスと活躍の場があった。特養職員からケアハウス職員に移り、さらに歌う機会は増えた。

正式に声楽の勉強をしたわけではないので、音程のずれが多少あった。それを他の職員がからかって来る。それもお年寄りの笑いを誘う材料になった。本の歌詞を拡大コピーして冊子状にまとめ、それを参加者に配布するという工夫をしたのもこの頃だ。

何度もこのレクを行ううち、お年寄りが特に好きな曲もわかってきた。民謡では、『九州炭坑節』『東京音頭』『黒田節』の人気が高かった。炭坑節は有名な踊りが入るので、言うまでもないだろう。懐メロでは、『同期の桜』『王将』が喜ばれた。同期の桜は意外にも女性の方が喜んで歌われた。なまじ『リンゴの唄』や『銀座カンカン娘』に、享《う》けを求める必要はなかった。

唱歌では、『故郷』『荒城の月』『一月一日』『仰げば尊し』『花』が、特に郷愁をさそうようなのだ。心に何かを感じながら楽しそうに声を出して歌われる姿に、音頭を取っている私も心打たれるものがあった。

歌謡曲までジャンルを広げて、私として苦手だった歌のレクを成功に導くことが出来たのは、大いに収穫だった。これならどこにでも持って行ける私の一芸となった。

お年寄りに喜んでもらった物は、すべて芸として身に付く。これは私が介護に携わる中で会得したものである。もっと大きな喜びに向けて、これからも励みたいと思うのである。

高齢者レク・落語

病院加療と在宅の中間施設として老人の在宅復帰を目指す老人保健施設では、一日一回のレクリエーションが義務である。私はこの老健の職員になって、本当に良かったと思っている。その日のレクに試行錯誤するうちに、多くの芸が身に付いたからである。その中でも特等すべきは、高校野球の校歌を歌って喜ばれたことであろう。レクをリリースする当人が大好きな事が、高齢者に喜ばれる第一要件であることを確信した。

ビデオ放映会なども試みた。こんな場合でも、レク担当である当人が大好きな物であることが、当然ながら必要条件である。私は古典バレエの『白鳥の湖』を勧めた。受け持ち時間約三十分では、とても全幕は無理である。合計四幕ある作品を、一幕ずつ四回に分けて放映することにした。

案の定お年寄りの皆さんは、白鳥の湖を楽しんでくださった。第三幕のあと、「今日は白鳥があんまり出て来んかったねえ」などの感想もいただいた。第三幕は、宮中晩さん会の場面なのであった。

『高校野球・名場面集』も高い人気を得た。「もう、本当に感動しました」と大喜びしてくださった九十歳を越える女性の方の喜び様には、私も感動した。ちなみにこの女性の方は、大の巨人ファンだった。

しかしながら、『ウルトラセブン』は喜んでもらえなかった。「孫がこんなのよく見てました」という感想が唯一だったか……。途中で帰る人もいた。「何《なん》ちゅう物《もん》を見せるんや」と叱られたこともあった。

お年寄りに喜んでもらえる、自分の大好きな物……。落語を自分で演じられないだろうか。そんなことを考えていた入職四年目の冬、クリスマス会の実行委員が出し物に思案していた。ままよと立候補したら、すんなり採択された。出しネタは『眼鏡屋盗人《めがねやぬすっと》』の小ネタだった。だが急ごしらえの落語家に、現実は厳しかった。誰も笑ってくれなかった。そんな中でグループホームのお年寄り二名が、落語が一番良かったと言ってくださった。認知症の方からのうれしい評価は、私の励みになった。「かまわない、この二人が資本だ」と。

そんなわけで、私の落語レクは事実上のスタートを切った。一般棟、認知症棟、デイケア、グループホームと、各部所のレクリエーションの時間に、立候補と言うかお願いして回った。いつもレクの出し物に悩んでいる現場は、すんなり採用してくれた。

ネタの音源は、桂米朝さんが主だった。だが完全な独学である。一番大ネタの『厄払《やくはら》い』

が約三十分。あとは小ネタばかりであった。

半年ほど頑張った頃だった。施設最高顧問の上司が、「中西さん、落語上手くなりましたよ」と言ってくれた。本当に嬉しかった。

そして一年後のクリスマス会。この時のネタが『不精《ぶしょう》の代参《だいさん》』。何日かして、入所者の面会家族の方が、「中西さん、アンタ落語、上手やなあ。あのネタは桂米朝さんやな」と言ってくれた。米朝話術がもう習得出来ているのか……。私の方が驚いた。

大阪・梅田のＥＣＣアーティストカレッジが、落語教室を開催していることを知ったのはその頃だった。迷わず受講を決めた。

平成十五年四月、講義開始。受講生の約半数は女性だった。講師は現在の三代目桂花團治さん。当時の桂蝶六さんだった。阪神ファンで名高い故、桂春蝶さんの三番弟子だ。

最初三か月が基礎講座。あとの三か月が応用講座。そして発表会というカリキュラム。

講師の蝶六先生は、内容のある熱い講義をしてくれた。落語大ファンのひとりである私の質問にも、親切丁寧に、そして面白く答えてくれた。そして何よりも、受講生同士がすぐうち溶け合った。さすがは落語大好き人間の集まりだと感心した。

応用講座では、受講生個々が持ちネタを決めてそれを実演し、先生に講評や指導をしてもらう。最初に指導されたのが、二字起こしという技法である。例えば「どない言《ゆ》うたらわかんねん」。「ど」ではなく、「な」に一番力を入れて発声する。仕草の指導。煙草入れに煙管を差す所、手拭いに扇子をもう少し深く差し入れてなど。実に細かい所まで、どこまでも指導してくださるのである。

最後に芸名である。私は「有宙亭男秋《あるちゅうていだんしゅ》」とつけた。アルコール依存症という自らの不首尾を自ら笑い飛ばす、大阪人の得意技と先生は大いに評価してくれた。

こうして本格的にプロの技術を身につけた私の落語は、さらにお年寄りに喜ばれることとなった。前述の煙草の仕草。「本当に煙が見えましたよ」と言われ、上達を確信した。

お年寄りに信頼され尊敬されれば、毎日がガッツポーズで暮らせる。こんな大発見も得た。相手の人格を高めることで、自らの人格も高めるという幸福。笑いの成せる業である。

高齢者レク・百人一首

小倉百人一首をすべて暗記したのは、中学二年から三年にかけてであった。時間をかけて煮つめるようにして覚えた。だから今でも忘れない。だが、それでカルタ取り遊びはやらなかった。それではつまらないとは思わなかった。私は古典が大好きだったから、暗記するだけで楽しかったようだ。

楽しいと言えば、百人一首の歌の意味が分かるようになったのは成人してからである。

忘らるるぅ、身をば思わず誓ひてしィ〜〜、人の命の惜しくもあるかなァ〜〜。

（口語訳）

あなた様に忘れられるこの身をいとおしいとは思いません。けどあなた様は私と永遠の愛を誓いましたねえ。それを裏切った科で神にうち滅ぼされて行くあなた様のお命が、あ〜あ、おいたわしい。

このような本当の面白さが分かるようになったのは、二十歳、三十？　いや四十を過ぎてからかも知れない。分からなくても面白い。だが分かればもっと面白い。小倉百人一首は私の頭の中でいつも新鮮であった。

さて、せっかく身についたこの一芸、やはり試してみたくなった。そしてその機会はあった。老人介護の職に就いてからであった。

最初に就職した老人保健施設では、毎年正月になると百人一首大会をやっていた。入所者を一堂に集めて、いくつかのグループに分けた。札読みは作業療法士の女性であった。

ひとはいさこころもしらずふるさとは、はなぞむかしのかににおいける。

私には随分たどたどしい札読みに聞こえたが、まあいいかと思った。だが問題は早速に別のところから出た。難聴のお年寄りに、札読みの声が聞こえない。いくらマイク音量を試行錯誤してもダメだった。そこで私は難聴の方々を一つのグループに集めて、札読みに続いてその耳もとでそれぞれの歌を高唱することにした。

札読みが「やえむぐら」と読めば、

八重葎ァ、しげれる宿のさびしきにィ〜〜、人こそ見えね秋は来にけりィ〜〜。
「わがそでは」と読めば、
わが袖はァ、潮干に見えぬ沖の石ィ〜〜、人こそ知らねかわく間もなしィ〜〜。
「みよしのの」と読めば、
み吉野のォ、山の秋風さ夜ふけてェ〜〜、ふるさと寒く衣打つなりィ〜〜。
「わたのはら、やそ」まで聞いて、
わたの原ァ、八十島かけて漕ぎ出でぬとォ、人には告げよ海人の釣舟ェ〜〜。

全部覚えていたからこそ、出来た作業であった。まず難聴の方々が喜んでくださった。お陰で楽しくカルタ取りが出来たと。だが、他の入所者は、なんだなんだ、中西さんの札読みの方がずっといいじゃないか。と言う訳で、以後私が入所者から毎年札読みに指名されることとなった。

お年寄りの要望は、さらに振るっていた。正月と言わずに、春夏秋冬いつでもやってほしいということだった。老人保健施設では、一日一回必ずレクリェーションを行わなければならない。その日の業務割りにレクと付けば、いつも悩まされた。そんな時に百人一首はもってこいだった。

新春の大会ではないので、全員参加というわけではない。希望者を一つのテーブルに集めて、ご好評の名調子となる。


心にもォ、あらでうき世にながらへばァ〜〜、恋しかるべき夜半の月かなァ〜〜。

月みればァ、千々にものこそ悲しけれェ〜、わが身一つの秋にはあらねどォ〜〜。


この声に連られて、途中参加する人もいた。

老健を退職して特養に移っても、お年寄りの要望は同じだった。認知症と診断された人が、二十枚以上の札を取るのには、我が意を得た思いだった。ケアハウスに配置転換となった。ここではゲーム後にお茶会をした。百人一首以外にいろいろな話題がはずんだ。デイサービスには、特別業務として派遣された。百人一首を全く知らないという人も何人かいた。せっかくだからと参加を勧めた。するとある人は二枚取れた、ある人は八枚も取れた、とても楽しかったと喜んでくださった。ここでも我が意を得た思いであった。

私には高校古文の知識がまだ残っていて、今でも品詞分解が出来るのが密かな自慢である。歌の口語訳も百首全部ではないが、かなり出来る。声は生き物である。知性も理性もある人の声は、違って聞こえるのがお年寄りの感性である。あらゆる介護業務を行なう上での責任性と言えるであろう。

カルタ取りもせず、机上の学問として暗記した私の百人一首だった。それが多くの方々を楽しませる物に発展、成長していた。多くのお年寄りの笑顔を浴び、私自身も笑顔と喜びに浸っている。これこそ介護現場に大いに誇っていい、私の輝きである。

高齢者レク・俳句の会

もう落ちて線香花火の涼やかさ

以前勤めていた老人保健施設では入所者のクラブ活動として、書道教室、絵画教室、俳句の会が催されていた。いずれも広報紙などを活用して、ボランティア講師を一名ずつ起用していた。文科系人間の私としては、いずれの講座にも興味があった。書道も絵画も、小、中学校の授業で十分体験があった。だが、俳句の創作に関してはどうだろう。やったことはない。詠んだこともほとんどない。

まず書道に関してはどうか。文字は下手な方である。殊に書道は、お話にならない。だが国語の勉強を通じて、文字の偏や旁には知識があった。二字熟語や四字熟語にも関心があった。そんなわけで、参加者の下回り補助を務めることにした。

書き上がった作品を、ホワイトボードに掲示した。片まひで半紙の押さえの利かない方には、文鎮を上下二本置いてあげる工夫もした。難聴の方には、講師の批評の言葉を耳元で話してあげた。何枚も書いた方には、掲示作品選別の助言もした。活気のある雰囲気で教室の進行が出来た。

絵画教室も同様の要領でお世話が出来た。だがモチーフ選びには苦労した。階下の厨房に下りて野菜を借りたり、家から食器を持参したりの工夫をした。一番印象に残っているモチーフがある。夏の盛り、自腹を切って一個二千円ほどの西瓜を二個買って来た。厨房から包丁を借りて、切り方は先生に任せた。「おいしそうな西瓜やねえ」と、教室に参加しないお年寄りも喜んでいた。

一度だけ創作に加わった。花瓶に挿した、秋桜の花だった。出来上がった作品を先生に見せると、開口一番、

「頭で描いてはいけません。見て描いてください」と、一刀両断にされてしまった。笑い話であると同時に、良い体験となった。

二つの講座でわかったことは、興味や関心、知識のある介護職員が世話人として入らないと、教室は盛り上がらないということだった。

俳句はどうだろう。四月に開始された句会だったが、出入りをためらっていた。会の形式としては、世話人も句を詠んでいた。文章教室を受講していたが、畑ちがいに句が詠めるだろうか。七月の句会に思い切って入り、兼題の「花火」を即興で詠んでみた。それが

冒頭の句である。

講師の方は書道、絵画と違って女の先生だった。ちなみに句会の進行の仕方は、講師や流派によって違うそうである。この先生の流儀は、まず無記名の作品短冊を参加者にすべて見せる。気に入った句に投票の記名をしてもらう。最後に作品を読み上げ、詠み人を発表し、投票者を発表する。

冒頭の私の作品を、先生は目を丸くしたような表情で褒めてくださった。「この人は只者やないな」ともおっしゃった。それを聞いていた他の参加者も、興味津々に楽しんでくださった。

こうしてすっかり句会の世話人として、以後毎回たくさんの句を詠むことになった。活気やまとまりが出て来たと好評だった。ちなみに句会の最後に、次の句会の兼題が出る。

老いてなほ蛍も見たし歩もならず

この句は私が世話人として入る前、ある女性の方が詠まれた句である。入所して一年後、脚力の衰えから車椅子生活となった。蛍のいる水辺には、車椅子では行けないという意味だけではない。蛍というのは、その光跡を追いかけて楽しむ風情がある。それも出来なくなったなあという意味である。
教室が活気付くと、参加者が増えるのが常である。うわさを聞きつけたのか、入所棟だけでなく通所棟（デイケア）からも大勢のお年寄りがいらした。その中に本当に上手い人が何人かいた。世話をしている私が、すっかりその方々のファンになってしまった。

残り福疲れし声を上げて売る（新年）
行く雲に光が添いて春近し（春）
子ら去《い》んで夕星《ゆうづつ》ブランコへ出《い》で候《そうろう》（春）
手鏡の老いの化粧や草紅葉（秋）

挙げればキリがない。これらの句を詠んだ女性の方は、車椅子生活ではない。だが腰が曲がり、四つ足歩行のように歩かれる。句会でも口数は少ない。穏やかな風体の中で、これだけ熱い句を詠まれるのである。

人生はかかるものなり竹の秋
あの子らはあの子らでよし竹の秋

この句の詠み手の女性の方は難聴だった。教室の雰囲気のみで、いつもニコニコして参加されていた。そして他の参加者をアッと言わせる句を詠まれるのであった。

講師の方は常々「私の方がお年寄りから元気を頂いています」と言っておられた。私も一所懸命お世話をして、得るものはたくさんあった。お年寄りに喜ばれることほど、心豊かにするものはない。

別の施設での任意実習

大阪府内の特別養護老人ホームで、当時在籍していた介護専門学校の教科としての十日間の実習を行った。その後の四月、同じ施設で、特に許されてもう七日間の任意実習を行った。この時は知的障害者デイサービスを経験した。さらに夜勤も経験した。

ここで私は、次は別の施設での実習を勧められた。別の施設に行けば、また別のことが勉強になる。今はどこの施設も人手不足だから、すぐに受け入れてくれるでしょうと、生活相談員は後押しをしてくれた。

そういうわけで、今度は兵庫県内の特養を申し込むことにした。この当時福祉の施策状況は、自治体によって大きく異なっていることも勉強していた。県内の特養に電話で申し込むと、なるほど指導された通り、ひとつ返事で実習を受け入れてくれた。

季節は初夏の五月の六日間、この施設で任意実習を行うことになった。

施設の玄関を入ると、すぐに担当寮母さんに出会うことが出来た。別室でオリエンテーションを受け、そしてまず、施設内を案内された。いちばん印象に残ったのが回廊だった。

この当時認知症の徘徊対策として、終わりのない廊下を設置するのが良いとの議論があった。この施設はそれをいち早く導入したと、担当寮母さんは少し自慢げだった。施工状況を見ると、あとで増築したもののようだった。

この施設では建物三階に軽度要介護者三十五名、二階に重度要介護者三十五名、計七十名のお年寄りがおられた。寮母室は二階三階両方にあり、それぞれに職員が配置してあるとのことである。どちらで実習しますかと尋ねられた。私はすでに重度要介護者の介護経験があるので、二階を希望した。

男子更衣室に案内されて入ると、何やらボヤキが聞こえて来た。挨拶をしながらわけを尋ねると、この日の早朝大雨警報が出たそうだ。専門学校が休校となり、実習生の出勤も休止となった。実習生の労力を当てにしていたのに、業務予定が狂ってしまったという。

前の施設で私は三月と四月に実習をした。三月は実習生が大勢いたが、四月は年度の替り目なので、実習生は私一人だった。なまじ実習生がいない方が業務がスムーズに流れていた。それを見ていただけに、早くも施設の違いを見せつけられた。

午前中の実習は、入浴の特殊浴介助であった。約三十五名の入所者を、月曜日の午前と午後、火曜日の午前と午後に分けて、これで一サイクル。これを木曜日と金曜日にも行い、週に二回の入浴となるということだった。であるから午前中の二時間で九人も入浴すれば

ＯＫらしい。私が担当したのはわずか三人だった。前の施設で体験した急がしさから一転、拍子抜けするぐらいゆったりしていた。

入浴が終わると、次は昼食介助であった。寮母さんに名前を聞きながら配膳する。この仕事は入所者の名前がわからないと、まるで身動きがとれない。前の施設同様、入所者の身体状況などの情報から名前を覚えていく。

配膳を終えて、さて全介助者をと思ったのだが、要介護者がいない。寮母さんたちは寮母室に引き上げてしまった。職員がひとりもいない中で、約三十五名の入所者が黙々と食事をしている。ここは重度要介護棟である。要介護者ゼロということはないだろうと、少々戸惑いながら立ちん棒となっていると、

「それではこの方を半介助でお願いします」

と、寮母さんがひとりの方を勧めてくれた。

その方はＮさんという男性の方だった。半介助ということで見守った。だが、声をかけてもまるで反応がない。無表情でひたすら右手だけで、しかもおにぎりを手でつかんで食べている。その手の動きも、やがて要領を得なくなる。ままよと全介助をすることにした。しかし食欲もあまりないようだ。半分ほど食べた所で、先ほどの寮母さんがやって来て、そして言った。

「このNさんは右手に残存機能があるんです。いいですか。腕というのは、こう、こうやって動くのです。これをやらせないと、ここ（肘）が固まってしまいますから」。

固まるのは肘ではなく上腕筋ではなかったか。もちろん実習生の立場で一切の抗弁はせず、ひたすら頭を下げておいた。だが、心の中は何かざわめく物があった。その時であった。同じテーブルで食事をしていたTさんという女性の方が、私につぶやいた。

「お兄ちゃん、この施設メチャメチャだよ」。

そんなことはないでしょうと私が返すと、

「今にわかるよ」

と、憎悪に満ちた表情でおっしゃった。

果たせるかなそれは午後にあった。午後の実習は二度のオムツ交換とおやつ介助であった。介助の合い間、三、四人の方が施設の苦言や被害の訴えをしに私の所にやって来た。暗然たる気持ちで、初日の実習を終えた。

外出レクリエーション

二日目の実習に向かったが、昨日の第一日目にあったことは何だったのか。暗然とした気持ちは晴れなかった。寮母さんの指導要項には、とうてい受け入れられぬ反感意識が残った。そしてひとりの方の施設への苦言に始まって、自立の方や車椅子の方が次々と私の所にやって来ての施設への批判や、寮母に殴られた怒鳴られたの訴え。この日も五月晴れの好天だった。それがうす気味悪くも感じられるのであった。

午前中は外出レクリエーションの補助を任された。担当はMさんという女性の方だった。外出準備を持って、女性寮母さんに居室に案内された。寮母さんは、

「Mさん、今日は外出よォ」

と、声をかける。Mさんは即座に、

「嫌《い》やーっ」

と発語した。その瞬間、寮母さんは鬼のような形相に変わった。そして私に説明した。

「このMさんは、何でもかんでも嫌やと言われますので、少々強引であっても連れて行っ

てください」。

布オムツを紙オムツに替えて、車椅子にトランスファー介助する。Mさんは認知症がかなり進んでいて、言語、表情ともかなり不自由そうである。特に視界認知能力は、落ちている様子である。この方をまず施設玄関に参集待機して頂く。その時である。傍に来られた車椅子の別の女性の方が、Mさんに対し明らかに嫌悪の表性でにらみつけたのである。

この女性の方は名前も覚えたくない方だったので、仮にX《エックス》さんとしよう。認知症はなく発語も問題ない。下肢筋力低下による車椅子生活以外は自立のようである。外出レク中、この方と私との接触は、ほとんどなかった。

ワゴン車に四名の入所者を登乗させて、出発である。Mさんは、ワゴン車への登乗状況や走行状況、路面段差や急ブレーキがこわいという判断はしっかり出来ていた。

市立の遊興施設を遊覧して、ここで昼食だそうだ。食材は焼き肉と豪華である。それにしても、Mさんは大変よく召し上がった。口内を観察すると、門歯から臼歯まで歯根が残っている程度である。これでよくキザミでもない肉をそしゃく出来るものだと思う。

一旦ごちそうさまをされたが、少しするとまた「ちょうだい」と言われる。再度介助したが、結局食傷にさせてしまった。認知症の方の食事介助の難しさをひとつ学んだ。

向かいのテーブルで食事をしておられるのが、件のXさんだった。寮母長を名乗る若い

男性職員が介助というよりは、相手をしていた。Mさんを指さして、

「あんな風にはなりたくないなあ」

と、軽蔑を述べておられた。あのお年にして人格の成り立ちが実によろしくない話である。性質の悪い施設では性質の悪いお年寄りが、いちばん居心地がいいのかも知れないというひとつの判断が得られた。

施設に帰ると、もう二時半だった。Mさんとはこれが縁で、実習六日目の最終日まで何かとお世話をすることになる。心を込めてしっかりと接すれば、深いお人柄を感じる方である。

それにしても帰園してまたしても早速に、昨日同様に何人かのお年寄りが施設への苦情を訴えに寄って来られるのである。初対面同然の私に憎悪むき出しで話される。

「この施設、アカンわ。若い寮母《もん》ばっかりでやっとる」

と、呆れ口調あり、泣き叫ぶ口調もある。その中で、Iさんという車椅子の女性の訴えは特に深刻そうだった。この方は失語で、全く声になっていない。だが身振り手振りと口唇の動きで、寮母に殴られた、ある時は怒鳴られたと訴えられる。目元を見ると、涙が出ているようでもあった。

確かにこの施設は若い職員ばかりが目立つ。ところでこの施設には、介護計画という時

間が設けられていた。おやつが終わった午後三時半頃だった。その日の出勤者全員が集まってカンファレンスを行う。その中に年配の女性寮母さんが三名いた。ところがである。若い寮母たちはその三名を全く無視しているのである。発言の機会すら与えない。

聞くところによると、若い寮母たちは全員専門学校卒で、介護福祉士の資格取得者という。どうもその国家資格を持っているだけで、鬼の首を取ったようになっているようなのだ。

この頃は二年間の専門学校を卒業すると同時に介護福祉士の資格が認可されることになっていた。卒業生にも国家試験が課せられるようになったのは、これより十年以上も後のことである。それにしても専門学校はこんな天狗連を、なぜ生み出したのだろうか。こんな地獄のような施設を作り出すのは、よほど根の深い問題がありそうだ。残り四日間に、一体何が待ち受けているのだろう。

お年寄りとのコミュニケーション

この施設は市内の高台丘陵地帯にあり、木々の緑があざやかである。また市内を流れる中小河川の上流域にあり、河川の源流の景色も見て取れる。施設の建物は、採光を十分に採り入れた鉄筋コンクリートの現代風の建築物である。その中身がまるで地獄絵図なのは、どういうわけなのだろうか。憎悪の表情で苦言を述べに来る人。その一方で、施設生活にシラケとあきらめで生きている人。寝ているか、起きている時は入浴させられているか飯を食わされているかだけの生活。

この施設は、キリスト教関連の施設のようだ。毎朝一階の講堂で礼拝が行なわれており、入所者のお年寄りが参集させられていた。聖書を読む牧師の男性は、スーツとネクタイに眼鏡をかけた至って洗練された風の方である。と言いたいのだが、私はすでに入所者の地獄絵図を見てしまっている。この人一体これだけで給料もらっているのだろうかという疑念を抱いてしまう。聖書の朗読も、本当にお年寄りに語りかけているのだろうか。入所者がまるで無反応なのにも、気に留める様子がない。この方は老人介護がどういうものか、まるで知らないのであろう。実習生の段階の私がなぜこんなことを思ったか。それは私はこの時、病院の院内清掃のアルバイトをしていた。病院と特養とは違うとは言え、私は入院患者の施設生活状況を見ていたからだ。

午前の実習は二階の施設内清掃であった。右のとおり清掃作業員の私は、それはもう意欲的に動くことが出来た。その間個室のトイレ内で入所者の排便を確認したため、それを寮母さんに報告する。だが、ここもしかしであった。排便を確認したトイレの付近には寮母さんはひとりもいなかった。実習生の私だけだった。前の実習施設では寮母さんは絶えず急がしく動き回り、いつどこでもどなたかの寮母さんに会えた。この施設の寮母さんたちは、ひと仕事済むとみんな寮母室に引き上げてしまう。こんなことでより正確な排便観察が出来ているのだろうかと思う。

午後、さらにおぞましい光景に出会う。ここの看護師は、女性三名で輪番制を取っている。その女性三名がいずれも二十歳台半ばの大層若い看護師である。排泄記載チャート表をひとりまるで鼻歌まじりにめくりながら、「じゃあ今日は○○さん、浣腸しましょうか」と、まるで子供の水鉄砲遊びのように浣腸を振り回しているのである。情報というものは、これほど軽率に扱うものなのか。

入所者とコミュニケーションを行なっていると、一人の老婦人が現れた。面会人だった。

一日目に食事全介助を寮母さんにとがめられた、Nさんの奥さんだった。はじめは明るく話されていたが、次第に施設への苦言に変わる。以前トランスファー時に足をひねられ、Nさんはますます歩行困難になってしまったことを訴えられた。

「ほんまにもう、ここは若い者ばっかりでな」

と、他の入所者と同じ批判である。

「テーブルにお膳を置くだけで、食べさしてくれへんのやもんな」

と、憎悪の表情もまた同じである。残存機能維持のための生活リハビリと自主性というケア方針は、全く伝わっていないようだ。それ以上にNさんは素人目にも全介助が必要な方である。配膳が済んだら寮母全員寮母室に引き上げてしまう行動が、いかに不審な行為にみなされてしまうかである。

「これやったら、何のためにお父さんを施設に預けたかわからへん」

と、最後は手で顔をおおって、泣き出してしまわれた。たった今出会った私にこれだけのことを話されるのだから、この施設への不信感は相当なものと思われる。

午後の実習中も、また批判を受けた。女性のAさんという方だった。この方は視力が落ちておられるが、自室ベッドの出入りなどに問題はないと思われる方だった。

「私は何をすればいいのでしょう。何をされるのでしょう」

と、居室いっぱいに響きわたるような声で言われる。訴えの意味はすぐにわかった。心が施設を拒否していれば、いつが昼でいつが夜か、いつが夏でいつが冬かわからない思いをしておられるのであろう。念のためAさんからの訴えを寮母さんに申し上げると、

「Aさんは認知症が進んでいて、周囲のことがわからなくなっているのです」。

この見解は間違っていると思ったが、実習生の立場ゆえ一切の抗弁はしていない。

隣の居室からは怒鳴り声がしていた。Eさんという女性だった。同室者の独語がうるさいのに寮母さんは何もしてくれないと。

「もう、こんな施設やっとれんワ！」。

苦情を受けた女性寮母がむくれ顔をしているのには、呆然とした。何かが根本的に間違っている。救いの手はあるのか。

渋滞

この施設への道のりは、鉄道の駅から路線バスに乗り替える。バス停が高校生たちでごった返す中に、三、四人の見知った顔が見える。挨拶を交わしながらバスを待つ。しかし今日は定刻を過ぎてもバスが来ない。

「また渋滞じゃないですかね」。

そう言って顔見知りたちは施設の方角に向かって歩き始めた。私もそれについて行く。

実習期間の六日間は、幸いにも好天に恵まれた。歩きながら見る住宅街に、降りそそぐ朝日の光のすじ。そのまん中に川が流れている。橋をひとつ渡った。水は間断なくチョロチョロと流れている。それら自然の風景が、住民に活気を与えているように感じる。

だが、私の心はいっこうに晴れなかった。実習三日間で聞いた入所者たちの悲痛な訴えの数々。「ここは若い寮母《もん》ばっかりや」というのが主なる訴えだった。話せない口から必死に訴える人。悲痛な叫び声を上げた人。怒鳴り声もあった。

だが、それ以上に多くの入所者が、シラケとあきらめで一日をぼーっと過ごしておられる。居室内清掃で訪室した時に見たお年寄りたちの印象は……。あえてたとえれば、人格が死んでいる。いや、人間の存在すら感じられない人もいた。

採光を考えて造られた建物は、ましてや初夏の陽光は実にさわやかである。内装にも凝った鉄筋コンクリートに映えて、視覚的に実に美しい。だがその施設の中に肝心の寮母さんの姿が見当たらない。この施設では、オムツ交換なりおやつ介助なり、ひと仕事済んだ寮母さんは寮母室に引き上げてしまう。いちばん驚いたのは、食事介助の時である。ホールに参集をして配膳をして、そして寮母さんは全員寮母室に引き上げてしまう。介助の必要性をどう考えているのかは知らない。だが、自主性に任せる、残存機能の維持継続をはかるという、この当時としては最新の介護理論が全くの空論になっていることに全々気付いていないようなのである。

目指す施設がようやく見えて来た。住宅街を歩きながら、三言四言職員の方と会話をした。だが、これら施設批判に当たる事柄を一切口外するわけに行かないのである。実際苦言を述べるだけ述べたあと、「誰にも言っちゃ嫌やよ」とばかりに私の体をポンとたたいた人もいた。遣り場のない憎しみに昼夜さいなまれているお年寄りを思うと、さらに暗然となってくるのである。

ようやく施設に到着したが、もはや今日は何もやる気がしなかった。担当寮母さんにその旨を伝えて、この日は早退させて頂くことにした。渋滞のバス遅れで歩かされたことが原因と思われていることが、正直言ってくやしかった。

園長さんに申し出て空き室を借りて、この日もふくめた四日分の実習日誌を記載して提出した。園長のこの男性は少し老けて見えるが、他の職員に聞いたところ四十四歳だそうだ。スーツにネクタイの、やや小柄な風体。不信感に包まれた入所者からは、果たしてどう見えるのだろうか。

駅から歩いて来た道を、逆に駅に向かって歩く。帰りぐらいはバスに乗ってもいいのだが、今は歩きたいのである。今度はのんびりと歩く。また入所者のことが蘇って来る。

苦情を述べに来たお年寄りには、その目を見て話をしっかり聞いた。ウンウンとしっかりうなづいて、苦情を述べたい気持ちを理解してあげた。

被害を訴えに来た失語のIさんには、その口元や身振り手振りをしっかり観察してあげた。握手を求めにも来られた。その手を握りあるいはさすりながら、話を聞いてあげた。

悲痛な叫び声を上げたAさんには、

「わかりました。Aさんの訴え、この私が確と聞いておきますから」

と答えておいた。

怒鳴り声を上げたEさんに対しては、

「わかりました。Eさんの訴え、ただいま会議をしておるところでございます。少しお待ちください。何らかの解決策があると思いますから」

と、説明した。するとEさんはようやく穏やかな顔になり、

「アンタ、あの人の息子さんかえ？」

と言葉を返された。あの人とは園長さんのことだった。風貌が似ているらしい。園長さんは四十四歳。私はこの時三十六歳だった。

晴天の住宅街は陽の光がさわやかだった。眩しくもあった。少し暑さも感じた。河原に降りて石の上に腰を掛けて、この日の昼食休憩で食べるはずだったコンビニの菓子パンを食べながら、心の中でつぶやいた。

「皆さんの苦しみは、決してムダにはしませんから」。

木々の緑はあくまで美しい大自然だった。

豪華なお弁当

前日の早退から、気を取り直しての五日目の実習だった。だが、憎悪に苦しみながら生活をしているお年寄りの心の痛みが、そのまま私自身の心の痛みとして付きまとって来るのであった。

更衣室で着替えをしていて、二日目以来何かと接触のあった他校の実習生と話をした。私には前の実習施設の急がしさが蘇って来るのであった。そこで思わず呟いてしまった。

「この施設、楽やで」。

すると実習生は、即座に否定した。

「そんなことないんです。他所の施設ではナースコールが鳴っても、それを消して黙殺してしまうんです。ここはその都度対応しているんです。専門学校の校長先生も、ここはいい施設《とこ》よ、と言って送り出してくれたんです」

私は呆然となった。専門学校の校長が「ここはいい施設《とこ》よ」か。然る可き立場にある人が、この施設の入所者の地獄の苦しみを知らないのか。ましてこの施設が良い施設だということが、どこをどうして伝わっているのか。私は疑心暗鬼にかられるしかなかった。

実習の途中で、この施設の法人幹部を名乗る女性に出会うことが出来た。「お世話になっています」と挨拶をしたら、御大層な笑顔で挨拶を返して来た。私は参ってしまった。上部団体の幹部職員も、この施設の地獄絵図を知らないとは。尤も、知っていたら解決策を講じるだろうが。そばにいた寮母長が、

「実習生の方のほうが、良くわかっておられるのですけど」

と言った言葉が、大層情けなかった。

午前中の実習は、外出レクリエーションの補助だった。二日目に習った手順に従って、外出者を布オムツから紙オムツに移行し、外出準備をする。一階玄関に参集して出発である。この日の外出者は四名。行先は市内の遊園地であった。

現地に到着して、お昼の集合場所を確認する。付き添い職員も私を含めて四名。責任者はなんと、この施設の厨房の調理長だった。

日差しが強いということで、外出者全員麦わら帽子をかぶる。四人とも車椅子だった。私はOさんという女性の方を担当した。この方は認知症は全くない。発語も正常である。それ故、何が見たい、どこへ連れて行ってほしいと催促がある。その都度車椅子を押すのだが、最初にかぶった麦わら帽子が大いに曲者だった。帽子のひさしで、車椅子のフットレ

ストがかくれてしまうのである。それ故にあちらこちらにぶつけて、Oさんに失礼であったし、大層戸惑った。

園内は大勢のお客さんがいて、大変賑わっていた。他人のケアをする立場になって初めて気付いたのだが、遊園地というのは騒音がすごいのである。人々の歓声、遊具器材の出す音。ミュージックに場内アナウンスと、こんなにもうるさいものかと思った。

Oさんたちは車椅子の手前、遊具に乗るわけではないので、見て回るだけである。そんな中で、ホワイトタイガーを興味深く見ておられた。遊園地ということだが、動物も何頭か飼われていた。

お昼になって休憩所に車座になって、お弁当であった。引率責任者である調理長の手製の豪華弁当であった。Oさんは自力摂取が出来るが、介助が必要な方がおられたので、私が任された。調理長の「どうぞ、アナタも召し上がっていいですよ」の言葉に甘えて、私もいただく。プロの作った料理は、やはり美味しいのである。四人の入所者も、同じ思いのようだった。

「こんな食事をこんな雰囲気で、これからも時々やってみたいね」

と、皆さんとても和やかだった。

昼食が終わって、また園内を散策する。Oさんは私を気遣ったのか、

「アナタも少し休みなさい」

とおっしゃったので、Oさんの車椅子の横のベンチに腰を掛ける。少ししてOさんは、

「はーっ、ここの寮母さんアカンわ」

と、やはり施設への愚痴であった。

「何かを頼んでも、何もしてくれへんのよ」

とは、前々日のEさんと同じ批判である。私はうなづきながら、聞くしかなかった。

あれだけの御馳走が振る舞われても、この施設への憎しみはぬぐえない。お年寄りが求めておられるものは、美食華肴ではない。

実習が終わって、バス停は施設のすぐそばにある。朝出会った人とは違う実習生が、先に終えてバスを待っている。「お疲れさん」と挨拶すると、ヘラッと笑っている。前の施設の実習生は、まるでカルチャーショックに出会ったような、ぐったりした表情で帰路に着いていた。ここの実習生は、老人介護とは楽なものだと思っているようだ。こんな人がまた次の地獄施設を作るのかと思うと、私は何をかせねばと思うばかりであった。

施設内清掃

いよいよ申し込んでおいた任意実習の最終日である。私は暗たんたる気持ちを通り越して、怒りの境地に達していたかも知れない。

ここの職員配置をおさらいしてみた。入浴介助は正職員はもちろん介助していたが、入浴介助専門パートもいた。そして介助員一人当たりの分担は、極めて少なかった。オムツ交換専門パートを名乗る若い女性職員も何人かいた。そしてこの施設のオムツ交換は、必ず二人ペアで行うことになっていた。腰痛対策であろうか。夜勤にも専門パートがいるらしい。そして食事介助は、誰も行っていない。ではここの正職員は一体何をやっているのかという単純な疑問がわく。

寮母長の若い男性職員とは、何度か接触があった。それとは別に、寮母室長を名乗るもっと若い男性職員がいたのには驚いた。寮母長と寮母室長と何が違ってどんな仕事をしているのか。そして園長付きを名乗るさらに若い男性職員もいた。その他何人かの正職員の男女と接してみたが、皆さん口のきき方が横柄なのが少々気に障った。

ひょっとしてこの施設はパート職員を多く登用することで正職員個々の業務負担を減らし、その分を入所者とのコミュニケーションに当てるという方針を採っているのかも知れない。だが現実はどうだ。職員たちはひと仕事終えたら寮母室に入り込んでしまう。お年寄りのいる所に職員の姿は見当たらない。これでコミュニケーションが成り立つだろうか。

ここの職員は確かに楽をしている。だが三十歳に見たぬ身が楽な思いをして、厳しい人生を生き抜いて来たお年寄りたちと、向き合って行けるだろうか。故にここの若い職員たちは、お年寄りを怖がっているのである。

午前中の実習は、居室内清掃を任された。清掃となれば私は水を得た魚である。掃除道具を整えて、旧館から新館まで居室内の掃き掃除、一部水拭き、廊下の掃き掃除と水拭き。十時半からのオムツ交換をはさんで、居室内洗面台の拭き掃除と、十一時半の昼食介助まで走り回った。この日のリーダーの若い女性寮母さんが「凄いな」などと言っていた。

高齢者ケアにおける非言語的コミュニケーションの論議が出たのは、この実習より十五年以上後のことだった。私はこの頃、病院の院内清掃のアルバイトをしていた。走って走って走り回ることが高齢者からの信頼というコミュニケーションになることは、有識者の論議を待たずとも、すでに実証済みだった。

この日は日勤帯三度のオムツ交換をすべて実習した。夕食介助も済んで、六日間の任意実習を終えた。

この六日間に接した入所者に、お別れの挨拶に行った。ここの担当寮母さんは特にそれを勧めなかったが、前の施設で勧められ、大変大切なことだと思っていた。

昨日外出レクリエーションで遊園地遊覧のお世話をしたOさんは、階上の軽度要介護棟におられた。挨拶をすると、「そうか、それはよかったと言葉を発したあと、あわてて苦笑まじりに何やかや言葉を継ぎ足された。前日私に施設の苦言を述べたことを悔いておられるのだろうか。私の方も、「誰にも言いませんから」とも言葉を返せなかった。

誰にも言えない、誰にもわかってもらえない苦しみを抱いたまま、生き続けなければならぬ苦痛。そんな方々が、せめて私にそれを呈して、少しでも救われたのだろうか。本当に私は複雑な気持ちになった。

ショートステイのHさんは、私の二日目にショートに入って来られた。寮母さんに聞いたところ、高校の商業科の先生だったそうだ。この方も、失禁の処理や話相手としてお世話をした。お別れの挨拶をすると、

「アナタは頑張られますから、しっかり勉強して立派な人になってください」

と、まるで卒業生へのはなむけのような言葉をくださった。今でも涙が出る思いである。

二日目の外出レクでお世話をしたMさんは、二階のベッドで臥床しておられた。六日間

で私が最も一所懸命お世話をしたと言える方である。だが施設内ではいじめられていることは容易に推察できた。お別れを告げると、

「お別れか？」

と大きな声を出されたあと、落胆のような小声になった。健康で過ごされるよう祈った。

Tさんは最も早く私に施設の苦言を述べた人だった。この人にも挨拶をした。

「お兄ちゃん。アタシ、ルンペンになってもいいから、ここを出る」

と、憎悪にゆがんだ表情でおっしゃったのがとても悲しかった。

バスに乗って駅に着く。初夏の夕暮れは、まだまだ辺りは明るかった。もう一度施設の方角を向いて、

「オレは何としても、立派な施設を作る」

と、心の中ですべてのお年寄りに誓った。

Ⅲ

施設のお誕生日会より　「女装の牧場の乙女」

清掃作業員

清掃作業員はなぜか軽蔑視される。当の清掃員もまた、そんなことを自覚している。私は三十五歳で失業した。再就職にアルバイトの清掃作業員を選んだ。そしたら母親に
「掃除屋なんか、はずれ者《もん》のすることや！」

と罵倒された。

その清掃員として、神戸市内のある私立の女子高に赴いた。作業をしていると当直勤務らしい先生がやって来た。〝ご苦労様です〟とでも挨拶するのかと思った。そしたらやおら腕組みをして薄笑いを浮かべて、〝掃除言うたらどんな面《ツラ》下げた人間がやっとるんや〟と言わんばかりに明らかに見下《くだ》しの態度を見せた。世の中には妙な枠組観念があるものだ。

西宮市内の脳外科病院に配属されたのは、それからのことだった。阪神大震災をはさんで丸一年、私はこの病院に勤めた。

病院清掃の作業は、やる事が膨大である。病院が勤まれば、どこの現場でも勤まると言われるそうだ。病室においては、ベッド個々のゴミ箱のゴミを回収して、箒ではいてモッ

プで拭いての作業マニュアルである。心を込めて丁寧にやれば、患者さんは本当に喜んでくれる。空気も和む。いつしか私は患者さんや看護師さんたちのアイドルになっていた。

震災の混乱もようやく乗り越えた頃だった。快癒を得た入院患者に、掃除のお兄ちゃんのお蔭で良くなったと言う人が続々と現われた。医師でなく、看護師さんでもなく、清掃作業員の私のお蔭だと。本当の話である。次第次第に医師や看護師が、私のことを下にも置かない態度に出始めた。

誰でもきれいに掃除して貰えれば嬉しい。加えて真面目な態度は、見る者に安らぎを与える。それは感謝、信頼、尊敬という情念である。「尊敬する」、これは人間の心に最も活力を与える。重症患者を快癒させたのは、掃除のお兄ちゃんを「尊敬する」だった。

こうして病院の空気はすっかり和んだ。信頼に包まれると、医師や看護師はみんな美男美女に見えてくるらしい。そうなると患者さんはみな喜んで、また一層快癒の手助けとなる。あちらも美人、こちらも美人。こんな方々に信頼され尊敬され、時に笑い合いの日々。我ながら良い仕事がしかも楽しんでできたと、今の自分を尊敬している。

エピソードもある。女性看護師の更衣室の清掃も、男の私の受け持ちだった。男性は困りますなどのクレームが出なかったのは、やはり信頼である。妙なトラブルもなし。むしろである。私より後に入って来て、作業中の私を横目に着替えを始めた女性が計二人いた。

「すみませーん」などと愛想笑いして出て行ったが、別に謝ることはあるまい。

人倫侮るべからず。まあしかし、侮りたいやつにはさせておけばよい。それよりも清掃員同志、この仕事は真剣に行えば人命を救うことも出来ると、誇りを持たれたし。

市民プールのひと夏

それは暑い暑い夏だった。二つの高気圧を重ね着て、新聞の気象情報に見出しがあった。ここ北夙川体育館付属の樋の池《ひいけ》プールは、前年平成五年にリニューアルオープンした。オープン二年目もやはり設備がきれいだ。

暑いからこそ人々に活気があるのがプール。夙川という土地柄からか、客層は上品である。種々あいまって、夏景色が一層さわやかである。暑い暑いとボヤいても、やはり夏は人々の活気ある風景が似合う。

かく言う私は、水浴びの涼に浴しない。この年の春から、私は清掃会社にアルバイト勤務していた。そしてこの市民プールの常駐清掃という臨時職に配属されたのである。

一般開放は午前十時から。その前の九時から子供水泳教室があるとかで、午前七時半に開場前清掃に駆り出される。夏の早起きはさわやかだから異存はない。九時になる。受講児童のはしゃぎぶりを制するような、女子大生コーチングスタッフたちが現われる。筋骨隆々たる体格で、児童を呼び捨てに出席を取っている。夏の陽気にドエライ序章である。

教室が終わると、一般開放前のわずかな時間にまた清掃に走り回る。受け付けのアルバイト女子大生が、「もう入ってもいいですかァ」などと言っている。一般客が入って来ると、ようやく歓声があふれ出す。そして真夏の太陽も、いよいよ笑い出す。灼熱の陽の中でお客様が思い思いに遊んでいる。光のシャワーと言うと森林浴のことだが、こちらは光の滝とでも言おうか。見るものをすべて小麦色にする。こんな光景、巡回清掃の箒を握る身にもうれしくなる。

競技用プールともうひとつ幼児・低学年用プールがあって、こちらは滝などの設備がある。水しぶきを上げながらキャアキャア言っている子供を見ると、うらやましい。箒の手を休めて、せめて足ぐらい水に浸けようか。

大人の方々は甲羅干しで肌を焼くのに余念がないようだ。視線の遣り場に困るようなヤングミセスが、あちらこちらに身を横たえている。雑誌のグラビア写真顔負けのハイティーンもいる。目の保養は役得か。

日が西に傾くと、さすがの暑さも引いてくる。ここのお客様は後片付けをしてくれる。

「アタシ、ゴミをポイするから、お兄ちゃんは空き缶をポイして」

などと、幼い兄妹がゴミ捨ての取り合いをしている。それを微笑ましく見ている大人たち。夙川の子供は躾けが良いようだ。こうして夏の日は一日一日営まれてゆく。

八月には二つの顔がある。「盆休み」は俳句ではもはや秋の季語である。盆も過ぎ二十日も過ぎると、夕景が茜色に染まり出す。もうこうなるとお客様は来ない。秋の寂しさはプールサイドから始まる。ひと夏の役目を終えて水が抜かれたプールは、真夏の夢をいっぱい詰めて、ひっそりと佇んでいた。

芦屋川

芦屋の一等地には猪が出る。最初見た時は本当にびっくりした。警察を呼ぼうかどうしようか迷っているうちに、猪はどこかへ消えてしまった。どうやら芦屋川の川沿いを伝って迷い込んで来るらしい。地元の人に聞いたところ、珍しいことではないという。

兵庫県芦屋市というと、高級住宅都市のイメージがある。だがここは意外にも自然に十分近い位置にある。

芦屋川から遥か川上を望むと、六甲山系が真近に迫っているのがわかる。川の傍には高級マンションや高級ブティック、レストハウス等がある。都市と自然との融和が十分である。知り合いのアマチュア小説家がこの周辺を舞台に小説を書いていた。情熱的な文章だった。私は一句ひねってみようと思う。

新涼や川音群ら草山おろし

夏から秋に季節が移って日暮れがすっかり早くなった頃、六甲山系から吹き降ろす山おろしは、六甲山の自然をゆかしくする心和むものである。中小河川の芦屋川そのものは、すっかりコンクリート張りになってしまった。だが草木はたくましく、いたる所に茂みを作っている。川の水音はさらに季節感を色濃くし、涼しげである。芦屋川はこんな心のスケッチをさせてくれるのである。

芦屋川には有名な桜祭りがある。ようやく春の暖かな空気に包まれ、日が落ちてのちカラフルにライトアップされた桜は見ものである。昼間は昼間で出店もあって、大勢の花見客で賑わう。ついでに、ゴールデンウイークの頃には、たくさんのグループが川原（と言ってもコンクリート張りの人工の川原だが）でバーベキューを楽しんでいる。だがまてよ、芦屋川に祭り騒ぎは似つかわしいだろうか。

朝出勤ひこばえのごと輝きて

川沿いの道路には路線バスが走る。その南北には阪神阪急の芦屋川駅がある。通勤や通学の人々がいそいそと歩く姿。こういう人々の賑わいこそ、芦屋川の情景にふさわしい。

ひこばえを見つめる健やか老夫婦

春の日差しは芦屋川にやさしく降りそそぐ。一級河川の武庫川ならたっぷりした空間がある。そこでは春の陽光をいっぱいに浴び、熱気球に乗って大空散歩をしているような心地がする。しかし、中小河川の芦屋川にはそれはない。トレーニングウエアのジョギング連も、武庫川には居ても芦屋川には居ない。

老夫婦が春の日差しを浴びながら、互いの人生を回想するようにゆったりと散歩していた。芦屋川はこんな人を迎えている。芦屋が実はこんな穏やかな土地柄であったことを、高級外車を乗り回す前にひとつ感じてほしい。

私は縁あって芦屋川のほとりのマンションで清掃アルバイトをした。清掃美化に励みながら、ひとつの自然を発見できたことを嬉しいと思う。自然とは本来、自分の心で見つけていくものなのかも知れない。

夏燕

つばめという鳥は古来から人々に益鳥として親しまれて来た。田畑にはびこる害虫を食べてくれるからである。私はその益鳥が、もっと賢い鳥である一面に出会った。

時は平成九年の初夏。私がまだ清掃作業員だった頃である。私の持ち場は芦屋市内では一等地の高級マンションのテナント部であった。焼肉屋、焼鳥屋、大衆酒場と店が並ぶ中に、一軒の高級フランス料理店があった。

この店はシェフであるご主人、その奥さんと見習いコックの三人で経営していた。固定客をたくさん持って、なかなか繁盛していた。

ある時来客の通り道の真上に、燕が巣作りを始めた。巣が出来ると、ひなのフン害が甚だしい。客への迷惑を考えれば、燕には申し訳ないがモップで巣の土をかき取らざるを得ない。だがそれでも巣作りを続けた。

店の奥さんも、「一所懸命作りよるけどねえ。ここの位置はちょっと困るわねえ」。

「こちらの角《かど》の所なら、まだ問題はないのに。ねえ奥さん?」と私。

「そうやね。ここならまだ大丈夫やね」。

次の日の朝、出勤して来て私は驚いた。前日店の奥さんと話し合っていた丁度その場所に、巣作り場所を変えていたのである。燕は人の心を覚るのだろうか。そう言って私は店の奥さんと顔を見合わせた。

燕の巣作りは早かった。やがて産卵、抱卵となり、そしてひながかえった。そうなると、親鳥はそれはもう忙しくえさを運んで飛び回るものである。ひなの食欲も旺盛らしい。場所は少々ずれたとはいえ、たちまち巣の下はひなのフンまみれとなった。

高級フランス料理店の前がそれでは困る。ひなのフン掃除が、出勤朝いちばんの私の日課となった。箒、モップ、雑巾と、道具を使って丁寧に清めた。そして、ある事に気付いたのは、時が少したってからであった。親鳥がひなのフンを拾って、捨てに行っているようなのである。清掃作業の手を休めてしばらく観察していると、あら不思議。ひなが巣の外にお尻を向けてフンをする。すかさず親鳥が飛んで来て、フンを見事に空中キャッチして捨てに行った。無論全部ではないので、巣の下は相変わらず汚れ続けている。しかし私は大層感心した。毎朝丁寧にフン掃除をしている掃除屋さんの心を、親鳥は関知するようなのだ。

かくして、ひなはすくすく成長し、やがて巣立ちを迎えた。ひながいなくなってフン掃除の日課がなくなり、少し淋しい気もした。そう思っていたら、さにあらず。ある時マンションの吹き抜けを、数羽の若鳥が飛んでいるのを見つけた。どうやら自分が巣だった建物を、しばらくは根城に飛び回っているようなのだ。「無事飛べるようになってうれしいだろうなあ」と、わが子の成長を見るような気がしたのを、今も覚えている。

都会にも心の若葉風

木漏れ日の自転車通学若葉道

この句はある句会で、「若葉」の兼題でもって私の詠んだ句である。若葉を特に美しいと感じたのは、新入学という初々しい気持ちと共にだろうか。中学高校時代、私は実際汽車通学だった。だが最寄駅まで二キロメートル以上あった。そこまでは自転車をこいで行った。その道すがらの田舎道で見た若葉は、高校一年の時がいちばん印象深い。また若葉の頃最も晴天が続いたのが、その年と記憶しているのも、初々しさ故か。その時の木漏れ日のまぶしさ、若葉の清々しさを詠んだのが右の句であった。

だが句会の講師の方は、「うん、これは可愛いわね」と一言。どうやら女子中学生や女子高校生たちが自転車の列をなし、そこに萌える若葉や木漏れ日の清々しさを想像してくださったようだ。

なるほど、そう思って都会の風景を眺めてみると確かにそうである。歩道を学校へと急ぐ女子学生たちの自転車の列。そこに街路樹の若葉も木漏れ日も、実にさわやかである。自然を詠むるに、都会も田舎もない。

さわやかな若葉は、私が高校を出てからもあった。高校卒業後、即浪人決定。大学受験の失敗で、確かに心は闇だった。しかし、目指す物への気概はいちばんあった時だ。

東京都高田馬場の予備校に入学を決め、西武新宿線で一直線の田無市の学生寮に下宿を取った。少し歩けばもう保谷市という土地だった。後年合併して西東京市となるこの両市は、都心から見れば郊外だった。

浪人と言っても、新しい門出であることに違いはない。それを励ましてくれるように降りそそぐ春の日差しと駆けめぐる薫風。目に青葉はなかなか見つけにくい土地だが、若葉の香は伝わって来た。それは受験勉強をやる気にさせてくれた。

高田馬場や新宿の副都心へ出ても、それは同じだった。自然とは自分の心で見つけていくものである。浪人中の受験勉強は徹夜の連続だった。だが、疲れは感じなかった。そんな張り詰めた心で見る副都心に、五月の薫風はさわやかであり、心強かった。

猛勉強の体を休めるために、新宿御苑に行った。そこには確かに緑があった。日差しはすでに強かった。緑の芝生の上で遊ぶ遠足の小学生たちの風景は……、そうだ、ビバルディの「春」の第三楽章に似ている。

明治神宮外苑にも行って来た。高い木立ちの中に公園がある。木漏れ日の中に佇んでいると、水飲み場にいつの間にか鳩たちが寄って来て、おいしそうに水を飲み始めた。そこへ「ちょっと飲ませてね」と割り込んで来るジョギング中のおじさん。みんなさわやかな季節を力強く生きている。

こんな「心の五月」を幾度も迎えたいものだ。人生は力強くありたいから。

囲炉裏と掘り炬燵

神戸三宮の文章教室のメンバーに誘われて、大阪府の椿山《つばきやま》に行った。何年前の冬だったか忘れた。茨木市《いばらきし》だったたか、阪急の駅からバスに乗って、これが大阪かと思うほど山合の土地だった。

椿園を観賞して昼食のため通された部屋は、八畳間の倍ほどある畳の間だった。その真ん中に囲炉裏があった。自在かぎが下がっていて行平鍋があってという、本格的な物ではない。ともかく長方形に掘ってあって、炭火がチロチロと燃えていた。その炭火だけで広間が十分暖かかった事に、不思議な気持ちにさせられた。家電製品にはない自然な暖かさに、上着などすぐ脱ぎたくなった。

私が生まれ育った家が建ったのは、いつ頃だろうか。祖父は、婚姻によって本家から分家新築した。父が生まれたのが大正十四年一月である。であるから、大正十二年ぐらいだろうか。私が物心ついた昭和三十年代、家の内部は屋根板と梁がむき出しになっていた。天井があるのは仏間だけ。天井の板材はまだぜいたく品の時代だったのかも知れない。

各部屋は畳敷きだったが、居間は板張りになっていて、そこは掘り炬燵があった。春、夏、秋は分厚い板で蓋をするが、冬は板を取り払って専用のちゃぶ台を置いて、ホーム炬燵のようになる。母や祖母がこまめに炭火の守りをして、いつも温かく保たれていた。子供にとっては、暖かいよりも遊び場所が一つ増えるのが楽しみだった。

「家を建てるは夏を旨とすべし。冬はいかなる所にも住まる」

これは鎌倉時代末期の随筆家吉田兼好が徒然草に書いている一文である。屋根板や梁がむき出しの家で、確かに冬をさほど寒いとは思わなかったように記憶している。どうやら掘り炬燵の熱で、家屋全体がうっすらと暖かくなっているようなのだ。完全暖房とは言えず、幼い私の耳たぶにはしもやけのカサブタが盛り上っていた。それでも生活には支障がなかったようだ。

昭和四十年代になって、家電の暖房器具が一般家庭に進出した。ベニヤ板などの合板の安い建築資材も販売された。加えて、暖かい空気は上に逃げるので、天井板がないと暖房効果が薄いなどと、家庭科学もどんどんうたわれ始めた。我が家でも各々の部屋に次々と天井板が張られた。さらに建具も増設され、部屋は仕切られ、完全暖房化していった。そしてホーム炬燵が購入されて、掘り炬燵は完全に無用の物となった。

今、椿山で体験した囲炉裏の炭火のほんのりとした暖かさを思い出すたび、健康的な冬の過ごし方とは何だろうと考えさせられる。

朝炭火を起こして一日それを守《も》りして、夜に火を落とす。ともかくも今の家庭は、こんなゆとりを完全に失ってしまった。もはやあの頃に帰ることは不可能である。

春のおとずれ

行く雲に光が添いて春近し

これは私の元職場の老人保健施設の俳句の会で、女性利用者のN氏の詠んだ句である。この句を私はすぐ好きになった。もっともN氏は大層上手な方で、他にも春夏秋冬、私の気にいっている句がたくさんある。

旧暦正月は今の暦の二月である。二月ともなれば、短かった日中がようやく長くなり始める。目に見えてあたりに光があふれ出す。であるから旧暦正月を、初春、陽春、迎春という言葉で祝ったのである。

枕草子の第一段の冒頭の文言は〝春はあけぼの〟である。清少納言さん、これは早春のことを表現したのか、晩春のことなのか、私は知らない。だが私は、おそらくこれは早春のことだと思う。あたりに光があふれ出すと、厳しい冬の寒さももうひと頑張りと、ホッとさせられるからである。〝やうやう白うなりゆく〟あたりがだんだん白んで来る頃、〝山ぎは少しあかりて、紫だちたる雲の細くたなびきたる〃。なるほどすべて光を迎える心の喜びをうたっている。

私は三十四歳まで兵庫県の丹波地方で暮らした。だが同じ丹波でも、幼い頃の方が寒さは厳しく雪は深かったと記憶している。手にあかぎれ、耳にしもやけを作りながら、寒い寒い冬を耐えた。春はそんな冬を凌駕するようにやって来る。

暑さ寒さも彼岸までと言うが、寒さのピークはやはり二月である。子供の背丈ほど降り積もった雪を見ながらしかし、あたりに光があふれ出すと、春はもうすぐ、必ずやって来ると思わせてくれる。光は心の冬を凌駕するのかも知れない。たまに三月に雪が降る。積もった雪の表面に春の日が差すと、虹色に輝いて美しい。すぐに解けて、はかない雪である。ここにも光の凌駕がある。

だが、春を感じさせるものは、日の光だけではない。何歳の時だったか、厳しい寒さもようやく過ぎ去った頃だった。夜半雨の音に目を覚ますと、同じように目を覚ました祖母が「雨が降りよる」とつぶやいた。雨の音を聞くと、もう冬はない、来るのは春のみだと思わせる、確かにそんな時代があった。

暦に雨水《うすい》というのがある。厳冬の候、天から降って来るものは雪かあられだった。

「月様《つきさま》、雨が……」

「春雨じゃ濡れて行こう」

月形半平太はもうすっかりテレビから姿を消してしまった。厳冬を過ぎて春をもたらす雨は、濡れて行ってもかまわないと思うくらい嬉しいものなのだろう。現代は厳冬の最中でも雨は降る。地球温暖化によるものとする説と、通常の気候変動説に議論は分かれると、有識の世界はかまびすしい。

春を待ちわびる心から、春到来へ……。春は人の心をうきうきとさせてくれる。否、すべての動植物もである。山も笑うのである。

釜の飯

ガス炊飯器や電気炊飯器の登場で、楽しみの一つが奪われてしまっていないか。おコゲである。あの独特の風味と食感は、今でもはっきり覚えている。私はおいしかった。

昭和三十四年生まれの私が、一体いつまでカマドの薪で炊いたご飯を食べていたか、記憶が定かでない。都会生まれ、都会育ちの方々には、あるいはお笑いかも知れない。だが、昭和四十年代初頭まで、兵庫県は丹波の田舎の我が家では、カマドで炊いていた。

幼稚園から帰って勝手口を入ると、そこは土間だった。中央からややずれた位置にふたつカマドがあった。タイル張りのけっこう立派な物だった。向かって右側のカマドで飯を炊いていた。左側はお湯を沸かしていたようだ。朝沸かしたあと、保温と種火の守《も》りを兼ねて、いつもチロチロと火があった。夜にはその火をおとして始末する。ある時父親が夜遅くに、子供向けのインスタントコーヒーをパチンコの景品で持って帰って来た。祖母がそれを、「お湯が残っとったらコーヒーを入れてやろう。冷めとったら、また明日」。そんなやりとりがあったことを懐しく思い出す。

『始めチョロチョロ、中パッパ、赤児泣いてもフタ取るな』は、後にクイズ番組で知った文句である。当時幼稚園児の私が、くわしい飯炊きの手順など理解し得ない。だが吹きこぼれ出すと、祖父や母が飛んで来て、薪を引いたりして火力調節をしていたのは覚えている。そうこうして注意をしても出来るのが、釜底のおコゲである。ご飯の炊き具合も、毎日違ったそうだ。幼い私にはさすがにそこまでは知ることは出来なかったが……。

おコゲである。あざやかなキツネ色から、飯粒の一つ一つが真っ黒けのものまで、幾度味わったことか。家族の他の者はあまり好きではなかったので、おコゲはいつも私の物だった。たまに少ない日は、少々がっかりした。主婦の不面目をあまりに喜んでいたので、この孫はいささか変コツかも知れないと、祖母に勘ぐられもした。

電子ジャーなどなかった時代、いったい日に何度飯を炊いていただろうか。冬は木のおひつ、夏場は竹製の飯籠にご飯が入れてあった。朝、昼、夕のいずれかに冷や御飯が食卓に上がるのは当り前のことだった。冷や飯を食わされるは、冷淡な処遇を受けるの意味である。だが私の祖父は、「温飯はもうエエ。冷や御飯くれ」と、給仕を求めていた。冷や飯も好物だったようだ。

ガス炊飯器が我が家に登場して、カマドは惜し気もなく取り壊された。土間にもコンクリートが打たれた。台所の守《も》り役を、祖母が母にバトンタッチしたのもこの頃か。

おコゲがなくなって少々がっかりしたが、やがてシンキロウのようにおコゲへの執着は消えていった。そして今、おひつの冷や御飯など口にすることもなくなった。

冬の子供たち

日本には四季があり、春夏秋冬、自然はそれぞれの表情を見せる。歳時記などもあって、人々はそれぞれの季節の風物を楽しんで来た。それにしても地球という天体、夏はやたらに暑く、冬はやたらに寒いのをどうしてくれる。ボヤき節もまた、貴重な文化であろう。

冬の訪れと共に、子供たちの遊びが増える。雪と氷である。私が小学生の頃の一般道路は大変粗悪だった。道路一面にコールタールを吹き付けて砂で処理するという、極めて簡単なアスファルト加工だった。であるから至る所アスファルトが破れて、水溜りが出来ていた。そこに冬場の厳冬の朝は氷が張った。それを平日の登校日など、割って歩くのが子供たちの楽しみだった。

現在のような完全舗装の道路では水溜りは出来にくい。今の子供たちは氷割りの遊びなど知らないだろうと考えるのは、私が子供の視点を忘れたからだろうか。どんな場所にでも水溜りは出来て氷は張る。それを目敏く見つけて遊んでいるに違いない。

私の小学校時代、校庭の中庭には長方形に造られた池があった。鯉などが放してあったが、理科の観察や実験をする池でもあった。冬場にはもちろん氷が張った。厳寒の朝など、特に分厚い氷が張った。自分が乗ったら氷は割れるだろうか、大丈夫だろうか。そんなスリルを楽しみながら、端から端までをおそるおそる歩いて楽しんだ。

ある朝、子供が上で跳びはねても割れないほどの分厚いのが張った。何人かの男子児童と、観衆も含めれば女子児童も、「わあ、すごい」などと叫びながらスリルを楽しんだ。

お調子者で有名なN君もやっていた。依然氷は割れない。遊びというのは、だんだん悪ジャレてもくるものである。N君は面白がって、さらに強く跳びはねていった。「やれ！やれ！」とはやし立てる観衆も調子がいい。そしてついに氷は割れた。寒空にN君は下半身ずぶ濡れになった。職員室のストーブで先生に叱られながら体を乾かしているN君、気の毒ながらおかしかった。

五年生の時だったか、ある朝大雪が降った。朝礼で児童を集めて、全校雪合戦となった。たびたびエスカレートしては先生に怒られるこの雪遊びも、この日は先生公認である。ならばと男子も女子も入り乱れて、時間を忘れて走り回った。先生にも投げつけていい、いわば無礼講である。先生も童心に帰っていることが、子供心にもわかった。すっかり体は温まって、雪の上に寝転んでも、冷たいと感じないほどだった。先生の粋な計らいを、本当にうれしく思った時間であった。

昨今は服装の見てくれは厳冬でも、実際寒い冬は極端に少なくなった。地球温暖化？　通常の気候変動？　社会情報はかまびすしい。でも大丈夫。子供という遊びの天才は、どんな冬でも楽しく遊び回っているだろうから。

自然の恵み

私の故郷である兵庫県は丹波の山南町には二つの一級河川が流れている。本流では県内最長の加古川と、支流ではこれも県内最長の篠山川である。この篠山川が私が幼い頃よく遊んだ川である。

地形そのものは上流地形で、流域には巨岩がゴロゴロしている。だがその最大の特徴は谷の深さである。山合いの平地に谷というよりは巨大な掘れ溝のような形成地形を持つ。両岸はまさに絶壁で、子供だけで遊ぶにはいささか危険である。それで大人の後を付いて行くような機会でもなければ、滅多に谷底の川原まで降りることはなかった。川底の複雑な地形には、両岸から岩がせり出している所があった。そしてせき止められた水が岩の上から流れ出し、小滝のように怒濤渦巻いていた。地理学的に滝かどうかはわからないが、ともかく地元の人は滝と呼んでいた。

その付近で天然鰻がよく取れたそうだ。その鰻獲りに連れて行ってもらった記憶がある。かすかな記憶である。幼稚園に行っていなかったから、四歳ぐらいだっただろうか。

祖父の声かけで、親類一門のお若い衆四、五人が集まり、いそいそと魚獲りの支度をしていた。田んぼの畦道をトコトコと付いて行って、どう谷の川原に降りたか覚えていない。怒濤を目の当たりにしても、まだ怖いとは思わなかった。祖父と若い衆たちが、どんな漁具をどうあやつったかも覚えていない。次々と鰻が獲れて、なかなかの大漁で賑賑しくしていたことだけを覚えている。

またいそいそと家に帰ると、母や祖母らが揃って早速に調理である。身を開いてブツ切りにして串に刺すのは今の蒲焼きと同じ。だが後が違う。天井裏で陰干しにするのだという。天井裏と言っても、今の文化住宅のように天井板があるわけではない。屋根板も梁もむき出しの旧家である。梁に板を渡して、その上に鰻の切り身を広げて完了。これで数日干し続けるのだという。

幼心には、もう忘れてしまうほど待った。ある朝起きたら、祖母が炭火で鰻干しを焼いてくれていた。山椒ダレなどぜいたくなものはない。普通の醬油である。炭火焼きの香がまずうれしい。そしてその舌ざわりや歯ごたえの良さ。今の蒲焼きとまるで違う。天然鰻とはこうも身がしまっているものか。私は鰻が大好物だから、今の蒲焼きも決して悪くない。実際おいしい。だがあのコリコリとした食感は今も忘れない。まさに自然の恵みを味わったひとときだった。

上出来だったのだろう。鰻干しは近所や親せきじゅうに配られた。私の口にはほとんど入らなかったが、それでも良い思い出である。

あの恵みをもたらした滝は、今はもうない。水利権のいざこざで、誰かがハンマーで岩を打ち砕いてしまったそうだ。田舎の村もまた、こうして変わってしまうのである。

日天《にってん》さん迎え

私が子供の頃、春と秋の年二回、子供たち独自の山行き行事が各々の村であった。日天さん迎えと言った。春分の日と秋分の日、上級生たちに連れられて村の名峰に登った。

私が初めて連れて行ってもらったのは、幼稚園に行き始めの六歳の頃だったか。相応の歳になると、近所の親御や友達から誘いの声がかかった。村に二軒しかない駄菓子屋でおやつを買って、母親の手作り弁当に水筒を下げて……。それだけでも心は浮き立った。

「暑さ寒さも」の彼岸である。山里でも夜明けは早い。午前七時には集合、出発であった。

私は二つ上に姉と二つ下に妹がいた。姉と兄のいそいそを見て、妹は「ウチも行きたい」と言って、山行き仕度をもう一組。

行き先の山はその年々で違った。経験豊かな上級生が決めていた。今日の行き先は幼稚園前の子では無理なので、妹と連れの同い歳の男の子は遠慮してくれとなった。男の子はぐずったが、妹はすぐ納得した。そして、いつもお砂遊びをしている小山に指し向けてもらった。ぐずった男の子はすぐ家に帰った。ひとりになった妹は、八時頃に小山の麓でお昼を食べて帰ったそうだ。妹の図太さは、すでにこの頃からだったのだなあ。

下級生は上級生のあとをひたすら付いて行くだけなので、どこをどう登ったかはよく覚えていない。しかしこの深い山に山道がはっきりとついている。村の老いも若きもが、いつも登っているルートなのだ。

どれくらい登っただろう。浮き浮き心に疲れはない。さあ着いたぞという上級生の声にやれやれと腰を下ろす。着くなり早弁をしたお兄さんがいた。そんなに早く不良中学生振らなくていいのに。まあこれこそ引率教師などおらぬ、身軽なご愛嬌である。

さて景色に目を向ければ、いつも生活をしている村が一望できる大パノラマ。国鉄福知山線を走る列車や家々がミニチュアのように見える。そうかと思えば下の方で声がする。どうやら村を流れる小川の源流を見つけたようだ。上級生や姉は見に下りて行ったが、私は怖くて見に行けなかったのが残念だ。山里育ちでも深山の源流は興味深い。

「おうい、あの汽車が下ったぞ。お昼やぞ」

と、便利な上級生がいて、飯時を告げる。私は女性的な性格なのだろうか、こういう時はいつもお姉様方と一緒だった。母親の手作り弁当を、一番おいしいと感じた時でもあった。

弁当が終わると、思い思いの遊びである。かくれんぼが一番印象に残っている。大木や岩陰に隠れるのは、学校の校庭にはないスケールの大きさがあった。この時だけは時間を忘れて遊んだ。親の心配も忘れたかも知れぬ。それでも山の日暮れは、程良い時間に遊びを止めさせてくれる。疲れなどない。彼岸の暖かな風に吹かれて、すっかり山の子はもっといたいと思いながら山を下りるのだった。

甘茶と花祭り

四月八日はお釈迦様の誕生日である。花祭りと言う。この日はお釈迦様の像に甘茶をかけて祝う。灌仏会とも言う。

私が初めて甘茶をいただいたのは、いつの日であったか。それは幼い日のことであった。懸命に記憶の糸を引き出しても、正確に思い出せない。六歳で幼稚園に行く、おそらく一年前の年であったと思う。

それは春の暖かい日であった。たぶん四月八日その日だと思う。時刻は斜陽の景色。すなわち午後であっただろう。わが村の菩提寺である臨済宗妙心寺派の中本山、萬松山《ばんしょうざん》恵日《えにち》寺《じ》。その寺から事前に、子供たちに甘茶をふるまうとの知らせがあったようだ。

昼食が済んで少し経っての頃だろう。祖母が水筒を二つ用意した。二つ年上の姉の分と、私の分であった。二つ年下の妹はこの時は幼な過ぎて、お寺には行かなかった。

水筒の中はもちろん空っぽ。この日の行事の要領が私はわかっておらず、「早ょお茶入れて」などと言ったら、

「お茶はお寺でもらうんや」

と、祖母に笑われた。

さて、水筒を下げて姉に手を引いてもらってお寺に向かう。道中に駄菓子屋があって、そこでわずかながらおやつを買った。花祭りと言っても、幼い心は遠足気分だった。駄菓子屋のおばさんというのが私の大叔母に当たる人で、

「そうか、今日はお寺へ甘茶をもらいに行くんか」

と言った声をはっきり覚えている。

お寺に着くと、もう三三五五子供たちが集まっていた。いつも姉と一緒に遊んでもらっているお姉さんたちもいた。

「そこの勝手口のとこへ行き。おばさんがおるさかい」

と、先に甘茶をもらっている子に案内されて勝手口からおじゃまする。「ああ、よう来たね」と言って当時の住職夫人が、寺の大釜で煮出した甘茶を柄杓でもって早速水筒に汲み入れてくれた。

もらうものをもらったら、あとは子供たちのことである。お寺の回廊などではしゃぎ回った。すっかり遠足気分である。そうこうしながら、先程もらった水筒の甘茶を飲んでみた。ほんのりとしたたとえようのない甘さを、はっきり覚えている。

と、そこで記憶が途切れる。あとのことはまるで覚えていないのである。もう少しお寺で遊んだだろうか。また姉に手を引いてもらって帰ったのだろう。だがまるで思い出せない、不思議な体験であった。

甘茶をもらったのは、この年だけだったと覚えている。毎年恒例の行事ではなかったようだ。お住職の特別な計らいだったのだろう。その日のおだやかな日和が、お住職の人柄のようにも思えてくるのである。

葬式仏教を論じてどうする

先祖供養とは、ただ単に墓前に手を合わせるだけではあるまい。ただ単に霊を慰めるだけではあるまい。

子供や働き盛りが亡くなった葬式は、それは悲愴なものらしい。だが御老公が天寿を全うした葬式は、一家一門、親戚縁者の顔見世イベントのようでもある。

時は平成の……、何年だか覚えていない。二月の寒い時期だった。母方の遠縁の伯父貴が亡くなり、その葬儀に赴いた。

受け付けと弔問を済ませて中に入ると、母親の従妹と名乗る奥様が、葬儀場にしてはやけに明るい振る舞いで私を迎えてくれた。他にも礼服に正したたくさんの参列者がいた。初対面同然だが、親族である。これからいろいろな付き合いがあるのであろう。お互い頑張っていることを認識し合う。これこそ一番の先祖供養であろう。

読経が始まる。慎ましやかな空気がゆっくりと流れ出す。どれくらい経っただろうか。突然僧侶が読経を止めて立ち上がった。

「それでは、ご親族の方々は起立願います」

見れば随分若い僧侶である。何事や知らん。

「では、故人の御霊を見送る心《こころ》を述べさせていただきます」

葬儀場で鎮魂の理念を解説されるとは、後にも先にもここだけである。そして、「なむあみだぶつ、なむあみだぶつ」と、高声で唱和させられた。おいおい、僧侶《ぼんさん》よ。どこかの宗教に似てやしないか？

告別式が終わり、親族は送迎バスで火葬場に向かった。寒風の中で待てど暮らせど、僧侶が現れない。葬儀屋が心配になって電話を入れると、なんとあの僧侶、送迎バスに乗り遅れたと言うことだった。そしてこんな場合、葬儀屋《そっち》が車を回すべきだと、控え室でふんぞり返っておられるだと。

「エラい高価《たか》い僧侶《おっさん》や。高価《たか》い僧侶《おっさん》や」

葬儀屋は呆れ顔でそう叫んだ。何とか車を回して、火葬も無事済んだ。帰りの車中の話題は、もちろん彼《か》の僧侶の悪口であった。だが今度は一番前の座席に件の僧侶はいた。私が制すると、バツ悪そうに皆は口をつぐんだ。

バスから降りると、何やら僧侶がお呼びとか。畳の間に親族一同正座をさせられ、僧侶のお説教だった。何事も有難いと受け止めるようにとの戒めを、有難くも頂戴させられた。

呆れ顔で退席しようとする人もいた。親族代表が失礼を詫びると、「何と申しますか、私もムカッと来まして」と、この僧侶あっさり本音を漏らした。ムカついたら訓戒を垂れるか……。いかなる高い学問と修行を積まれたのか。この日の葬式で一番悟れていないのが、この僧侶であることは間違いない。

故人はこのドタバタ劇を天上から何と見ていただろうか。あんな僧侶《ぼんさん》の世話にならんでも、ちゃんと成仏してやるよ。故人はそう言っているように思えた。

継《つ》ぎのあたった服

通園に姉のおさがり重ね着る

私には平成元年生まれと、平成四年生まれの二人の姪っ子がいる。二人共群馬県前橋市に住んでいた。右の句は職場の老人保健施設の俳句の会で、冬の季語「重ね着」の兼題でもって私の詠んだ句である。

実際に下の子がお姉ちゃんのおさがりを着ている所を見たわけではない。何となく二人の姿を思い浮かべて吟詠したものである。

ついでながら、あの「おさがり」という言葉、昔は「お古《ふる》」とか言っていなかったっけ。お古ではもらい受ける下の子に気の毒なので、いつ頃からかおさがりという言葉に変わっていったのだと思う。方言ではあるまい。

さらについでだが、私が大学生の頃飲食店でアルバイトをしていた時の話である。

「仕込んでおいたトマトソースを持って来い。兄貴の方を持って来るんだぞ」

兄貴って何ですかと問い返すと、

「バッカ野郎。お客の手前、古い方なんて言えねえだろ。だから兄貴って符丁だよ」

と、たしなめられた。

話が随分横道にそれてしまった。子供のお服《べべ》の話である。私には六歳年上の従兄がいる。そのおさがりの腹巻きをもらって着《つ》けていた覚えがある。これが私の唯一のおさがりの記憶である。私の兄弟構成は、二つ上に姉と二つ下に妹である。女物を私に着せるわけにはいかないので、私はいつも新品を買ってもらっていたと記憶している。

しかし、現在のように何から何まで買い揃えてもらえる時代ではない。今はすごい時代のようだ。少子化で子供の数は減り続けているのに、ベビー産業は拡大傾向なのだから。

私が子供の頃は、服なら擦り切れてボロボロになるまで着たものだ。特にひざの辺りにはすぐに穴が開いた。そこで母や祖母が継ぎをあててくれたのである。継ぎのあたった服とは、今思えば実に懐かしい話である。

私のごとき男子も、小学五年、六年では、家庭科で料理とお裁縫を学んだ。継ぎあての実習では、アイロンで破れ口を整えて当て布をして、はてあの運針は何縫いだっただろうか。大事なところを覚えていない。

それはさておいて、衣服の継ぎあてとて、母や祖母の愛情であったはずだ。実際継ぎのあたった服を着て、恥ずかしいとか格好悪いとか思ったことはない。強いてあったとすれば、それは他家との比較であろうか。裕福な家庭の子は、買い替えてもらっていたようだ。それはそれ。わが兄弟は、継ぎあての服を着て、うれしいと思いながら学校に通った。

今時の母親は、どこで裁縫の腕を振るっているのだろうか。体育祭や競技会のユニホームのゼッケンなどは、手縫いをしてやっているのだろうか。継ぎあての愛情の、親子の心のキャッチボール。失ってはならないもののひとつであることは間違いないであろう。

名月

私が満月を満月として眺めたのは、何歳の頃だったか。小学二年生の時、理科の授業で月の満ち欠けを学んだ。その時の副教材で、満月を背景に餅をつくうさぎの工作もやった。幼稚園の時、「出た出た月が、まあるいまあるい、まんまるい」の歌を唄った。十五夜お月様の貼り絵工作もやった。黄色い色紙を何度切っても、まん丸の月は作れなかった。

満月を本当の興味で眺めたのは、おそらく小学三年生の秋だったと思う。テレビニュースで、いよいよ明日の夜皆既月食が見られると報じていた。この頃すでに図鑑などで日食や月食の仕組みを知っていたから、大変興味をそそられた。家の外に出てみると、東の空に雄壮な満月が出ていた。月食の前日なので、完全な満月ではない。だが、黄色い光が丸い器からあふれ出そうなくらい、風情を感じた。この月が、私が満月を名月として眺めた最初の月ではなかったかと思い出す。

次の日の夜、すっかり暮れた東の空に、もう六割くらい欠けた月が見えた。私より先に庭に出ていた母が、

「昨夜あんな真ん丸やったのに、今夜はあんなに欠けとるんはおかしいなあ。やっぱり月食が始まっとるんやな」

と言った。それからは時間を追って欠けていく月を興味深く見守った。

学問的には、地球の陰になった部分は赤銅色に見えるそうだ。だが、生まれて初めて見る皆既月食は、漆黒の天空に月が飲み込まれるように、陰は黒く見えたと覚えている。

完全に月が隠れてから、少し見え始めるまで観察しただろうか。小学三年の身は深夜まで起きておられず、床に就いてしまった。次の日の朝刊によると、月食の終了は午前十時頃だった。学校に行くと、最後まで観察した級友がいて、偉いと思った。

仲秋の名月を意識し始めたのは、さて何時からであったか。それを知ってからは、テレビ情報などに注意して、名月を待ち侘びることとなった。しかしうっかり見逃したり、いかんせん天候に恵まれない年もあった。

高校生ぐらい情報的に豊かになってから、ようやく念願の仲秋の名月を見た。記憶にとどめようと、双眼鏡も持ち出した。

初めて知ったのが、小学六年生の時である。秋のさわやかに晴れた朝、一時限目の授業の冒頭で、担任の先生が言った。

「昨日の晩は仲秋の名月と言うて、一年中で月が一番きれいに見える日やったんです。先生も見ましたけど、ほんまきれいでした」。

一年中で一番という言葉が興味をそそった。

「なんだなんだ先生。そんなことは前の日に言ってくれないと。先生だけ見てずるい」。

そんな記憶が四十歳台まであった。老人介護の職に就いて職場であった俳句の会で、恩師に親しみを込めて吟詠したのが次の句。

名月を見損ねくやし師の講話

秋　霖

私は清掃作業員を四年一箇月勤めた。最初の平成六年が、もう二十年以上前になる。オフィスの床のワックス掛けという基本作業を学び、夙川の市民プール、西宮の脳外科病院を受け持つ。そして芦屋のマンションテナント部に配属されたのが平成七年十月だった。マンションに付帯して、百六十メートルはある公共歩道も私の持ち場だった。人員は私一人だけ。テナント通路、エスカレーター、地下駐車場、そして歩道と、一見すると目が回りそうである。そこは私一人というある意味の気楽さがある。自分のペースで仕事が出来るからである。

清掃作業というのは、見付ければ次々と出て来るものである。歩道の掃き掃除をしていて、街路樹の植え込み目皿がふと気になって来た。歩道に数メートル置きに、さて何本あっただろうか。その樹の根元に、約一メートル四角に目皿があって、どの箇所も草ぼうぼうであった。どうやら私の前任者は、ろくに草取りをしていなかったようだ。

ならばとこの日は箒の手を休めて、草取りをすることにした。目皿一枚一枚に根気の要る作業であった。百六十メートルの歩道に、一日かかり切ってしまった。

そうこうしてすっかり草取りを終えたのが十月末頃だったか。もはや秋冷の頃だった。それから約半月ほど経って気付いたのだが、植え込み目皿に再び草が生え始めたのである。どうやら冬草のようである。どの目皿もきれいな緑色に染まった。ここで気付いたのだが、冬草というのは案外と美しいのである。寒い冬を目前にして、健気に生きている。秋雨の降る日など、さらに一層いとおしさを感じるのである。そんなことを思いながら浮かんだのが、次の一句である。

群ら草や秋霖濡れて忍び生き

清掃作業をやっていて、こんな発見が出来たことをうれしいと思う。

あの人たちは、こんな事を感じているのだろうか。清掃ボランティアの方々だ。モラル啓発を旗印に、火鋏とビニール袋を手に、タバコの吸い殻や空き缶だけを拾っていく輩である。違反者のゴミだけ抜き取って、果たして清掃美化と言えるだろうか。歩道は砂埃もあり草も生えている。それら一切を取り清めることが、美化なのである。自己満足と他罰性に塗り固められた心に、本当に美しい物を愛でる力があるとは、とても思えない。

私はこの持ち場を、二年七箇月に渡って勤め上げた。他にも発見があった。本当にきれいにすれば、通行人は空き缶や吸い殻をポイ捨てしなくなるのである。植え込み目皿に置いていく行為は微笑ましくもあった。

美しく掃除をすれば、まず自分の心が美しくなる。さすればさらに美しく掃除が出来る。こんな作業体験を、もっともっと多くの人にしてもらいたいと思う。

伝統工芸

琵琶湖の湖面は風がなければ鏡のようと、桂米朝さんの落語のマクラで聞いた。果たしてその琵琶湖に遊覧船に乗って行った。本当に鏡のようだった。正直驚いた。こんな所に船の航跡がつくのは惜しいとも思った。

その行き先に竹生島がある。そこのお社の屋根は、昨今では後継者に乏しくなった檜皮《ひわだ》葺きである。そしてその屋根が、実は私の祖父が葺いたのであった。祖父とは私の父の父。同行していた親父が、自分の父親が葺いた屋根を懐かしそうに眺めていたのを思い出す。

丹波の山南町で、檜皮葺きがいつ頃から地場産業になったのかはよく知らない。私の祖父はそのたたき上げの職人だった。曽祖父すなわち祖父の父も、その職人だった。その父親の勧めで祖父は、ある小売り屋に丁稚奉公に行った。だが店の主人は祖父の手先の器用さに目を見張った。

「アンタは商売人になる人やない。職人になる人や」

というわけで、奉公先の主人の取り成しで実父に弟子入りしたという経歴。

作業手順は私が幼児の頃の見分なので、くわしくは知らない。先ず檜の皮の上層のみを剝がす作業。木を傷つけないよう、皮の上層だけを丁寧に剝がす。これだけでも熟練の作業だそうだ。檜皮の短冊をこしらえる前工程作業。そして本格的な屋根葺き作業。手先器用な祖父は、いつも一番難しい箇所を任されたそうだ。

家の離れに納屋があって、そこが檜皮短冊作りの前工程作業の祖父の仕事場だった。鉈と大木を輪切りにした作業台だけで、一日座りっ放しで作業をしていた。鉈を器用に使って檜皮の良い部分だけを取り置いて、小さな木片を作る。それを何枚か合わせて、鉈の切っ先でコンコンと叩く。接着剤を使わないのに見事に貼り合わさってしまう。最後に鉈を振り上げ、ドンとやって端を切り揃える。檜皮短冊の出来上り。これを何枚も重ねて竹釘で留めて屋根を葺いて行くらしい。単純作業のように見える。だが試しにやらせてもらうと、まるで上手く行かない。私五歳児にして早くも熟練技術の尊さを知った。

ある時祖父は、屋根葺き作業中に竹釘を飲み込んでしまう事故に逢った。医師の指導でしばらくお粥を食べていた。作業場に運ばせて、おいしそうに食べていた。それを見て、「ボクもお粥が食べたい」と言った。姉に一膳持って来てもらったが、二口三口食べただけでこぼしてしまった。祖父はそれを姉に命じて檜皮の裁ち屑で掃除をした。幼き日のこのひとコマが鮮明である。

その祖父は昭和五十二年に八十歳でこの世を去った。伝統工芸は今、零細企業として細々と受け継がれているそうだが、需要は減ったそうだ。心ゆかしい祖父自慢の手先の技術は、どうなって行くのだろうか。

深山の源流

高校一年の時、交換留学生のアメリカ人男子生徒が、我が家に一年間のホームステイでやって来た。この人のことを地元新聞が、アメリカ人には稀に見る地味な性格などと紹介記事に書いていた。だがどうしてどうして、なかなかアクティブな生徒だった。特技は体操だった。吊り輪や跳馬、鉄棒の話などをよくしてもらった。とにかく日曜日になるとじっとしていられない人だった。趣味はカメラで、自然の風景などは大層興味深そうにカメラにおさめていた。我が家が丹波の田舎であり、初めて来たのが四月という時候も良い頃だったので、その意味都合が良かった。

やって来て早速の日曜日、わが郷土の紹介も兼ねて二人で村内を散策した。見上げる山の中腹には、この村の菩提寺が見えていた。わら葺き屋根の見るから荘厳な中世建築である。この人それを指さして「ワカリマセン」。「アレハ、ナンデスカ?」と言っているようだ。だがまてよ、寺を英語で何と言ったっけ。考えた末に「ジャパニーズ・チャーチ」と言ってしまったのが、今でも不覚である。templeという単語を知らなかったか……。

或る夜のことだった。母親が行き先も告げずに、所用で近所の家に行ってしまった。家じゅうで騒いでいたらこの外人、「オカアサンハ、ナイテイマシタカ?」。なんのことかと思っていたら、夜の寺じゅうを歩き回って母を捜していた。まったくもって、ただの僧坊を教会などと誤解させてしまったものだ。

六月の梅雨晴れのある日、彼はわずかな菓子とジュースを持って私を手招きした。家の裏山へ行こうと言うのである。その道すがらは、私には懐かしいものだった。小学生の頃、よくカブトムシやクワガタを採りに行った樹液林だ。村を流れる小河川の砂防ダムも見える。彼はその川沿いに登って行った。川は次第に小川となる。源流に向かっているのだ。木々も高くなり、森になる。だが、森の中というのは意外に明るいものだ。彼は時々歩を休めながら、森の景色をカメラにおさめていた。こんな自然の景色でも、アメリカと日本では違うらしい。ふと目を横にやると、いつも家の裏庭から見上げている裏山の尾根が真近に見えた。もうここまで来たのか。そして村の川の源流は、こんな位置だったのか。

ついに源流にやって来た。それはすり鉢を二つに割ったような形をしていた。ジーというかすかな音がして、水がしみ出していた。そのひと雫ひと雫が実に美しい。しかし後ろをふり向くと、もう小川の形状になっており、水が音を立てて流れているのである。これが自然の素顔なのかと、いつまでもそこに居たい気分だった。

いつかは見たいと思っていたものを、この日見せてもらった。自然とは自分の心で見つけていくものである。この日見たものを後年思い出して、そう定義してみた。

打ち上げ花火

花火というのは日本の風物だと思っていた。だがよそのいろいろな国で、種々の祭典や式典でも打ち上げ花火が行われている。加えて風物詩といっても、飛鳥や平安の昔からあるわけではない。いったい花火の発祥と本場はどこの国なのだろう。こんなことクイズ番組にも出て来やしない。

平成三年の夏、当時の氷上郡（現丹波市）青年団で一緒に活動していた女の子から誘いがあった。二人で花火大会に行きませんかと。会場は柏原町の「丹波年輪の里」。たぶんお盆の最中だったと覚えている。

待ち合わせ場所で彼女をひろって、私の車で会場に向かう。大イベントゆえの渋滞がかなわない。彼女の用意したビニールシートに座って場所取りをして、たこ焼きやカキ氷を買い食いする。世間話や青年団の話題があっても、なかなか日は暮れない。こんな時に借り出されている柏原町消防団の皆さんは、暑いのに本当にご苦労さんである。

ようやく日が暮れて空が漆黒の闇に包まれた時、場内のアナウンスでもって打ち上げが始まる。はて?、どんな花火がどう打ち上がったか、まるで覚えがない。時々大勢の観衆から歓声が上がったのを覚えているが、一つ一つを覚えていない。花火そのもののように、あっという間に記憶からなくなるのである。長らく待たされた割に、本番はあっという間だ。帰りの混雑と渋滞に、またうんざりする。こういうのが楽しいと感じられないと、女の子にはもてないのだろうか。

だが、心に残る打ち上げ花火はあった。時ははるかに下って、平成十七年六月七日のことだった。「花火ナイト」と銘打ったポスターが目に止まった。それはこの年から始まったプロ野球交流戦の、オリックス―阪神戦であった。会場はオリックスの当時の本拠地、神戸のスカイマークスタジアムだった。もっともこの日に限らず、もう何度もこの球場で花火ナイトを観戦はしていたのだが……。

野球の試合は五回が終了すると、グラウンド整備に少しの時間を取る。その時間にこの日は打ち上げ花火を行う、イベント試合である。昨今はやりのドーム球場ではない、屋根なし球場だから行えるファンサービスである。

オリックスのホームゲームの場内アナウンスは、その声麗しいうぐいす嬢ではない。アメリカ大リーグ式に、男性声優である。

「さあァ、ネッピー(オリックスの当時のマスコット)も、トラッキー(阪神のマスコット)も、用意はいいかなァ。スリー、ツー、ワン、ゼロ、スタートォッ！」。

かくして球場の夜空に百発もの大輪の花が咲いた。野球観戦のついでに見た花火。こちらの方が断然良い。試合は阪神が四―二で勝った。阪神ファンとして記憶に残った。試合終了後も、球場外でまだ阪神ファンたちが騒いでいた。実に印象深い花火であった。

カブト虫とクワガタ虫

毎年夏の甲子園球場で行なわれる高校野球は、会期設定が絶妙だとの随筆文を読んだことがある。華やかな開会式、そして一回戦の熱い戦い。この時の甲子園は夏真っ盛りである。準決勝、決勝戦と戦いが進んだ頃、球場の景色は秋に変わるという。そう言われて大会を眺めてみれば、なるほどそうである。

夏とか秋とか。いや同じ夏でも浅い夏と晩夏。早春と暮れの春。これらは俳句の世界で見事に表現されている。

だが、これらは大人の感性のようだ。子供たちは感性が豊かと言われるが、しかし季節感に関しては大人の勝ち。

そんなことを考えさせてくれたのが、夏の子供たちの虫遊びである。夏休みに入って最初の楽しみは、もちろん虫採りだった。虫たちは樹液と呼ばれる、クヌギなどの広葉樹に集まって来た。と言うのが私の場合の図鑑から得た知識だった。多くの場合、虫たちがやって来る樹を村の上級生が下級生に教えていた。樹液林は山の低い位置にあるので、そう奥山まで踏み込む必要もなかった。

友達寄り集まって、意気投合すれば裏山へ虫採りである。木々の間を駆け回って、採れるわ採れるわである。別に難しい方法論などなかった。虫採りの要領などすぐ覚えた。

さて虫を持って帰ると、みんなで分け分けである。ケンカにならないように分けなければならなかった。一番人気は雄のカブト虫だった。角のない雌は人気がなかった。ちなみに雄は、本カブトと呼んでいた。クワガタ虫では、雄のノコギリクワガタ。こちらの方は、水牛と呼んでいた。おどろおどろしい黒褐色の色艶が、水牛を思わせたのだろうか。次に角（正しくはアゴ）の立派なミヤマクワガタ。その次はヒラタクワガタ。またぞろ図鑑によれば、本物のヒラタクワガタは別種で、皆がヒラタと呼んでいるのは正しくは最も小型のコクワガタだった。

持ち帰った虫たちは、ケンカをさせて遊ぶのが楽しみだった。残酷ではない。虫たちの力比べである。面白いと思った。そうして可愛がってやった虫たちも、夏が過ぎれば死んでしまう。セミは一週間で死んでしまう。死んだ虫たちを見て、あるいはセミの抜け殻を見て、子供たちはやがて来る秋を思ったのだろうか。毎年毎年虫採りの季節が来て、やがて去って行く。こんな風に少しずつ季節感を学びながら、大人になって行くのだろう。

都会の子供たちは、高校生くらいになって初めてカブト虫を見る。これは私が小学三年の時の先生の余談である。そして私三十五歳の夏、西宮市内の女子高校生がカブト虫やクワガタ虫の写生画をしみじみと見つめていた。なぜそんなに見つめているのかと聞いたら、「カブト虫見たの、初めてだから」。

いや驚いた。あの先生の話、本当だったとは。忘れられない夏だった。

あとがき

私は大学卒業後すぐに、父親の経営する婦人服製造工場に入職しました。会社の後継者という立場でしたが、経営には関与せず、現場労働者として働きました。その時先輩から、「生地、ブラウスといった無生物の物でも、心は存在するんだよ」という教えを頂き、それを実体験で会得出来たことは、後の人生の大きな糧となりました。

十年半後会社は全面破産、一家離散となりましたが、この苦労体験こそが、後の老人介護に大きく生きることとなりました。

三十五歳で清掃作業員の職に就き、公共施設、病院、マンション・テナント部などで働きました。病院では「掃除のお兄ちゃんのお陰で病気が治った」という患者が続々現れ、マンションテナントからは、「客の入りが違って来た」などと店主に喜ばれ、どんな仕事でも一所懸命行うことの尊さを学びました。

三十九歳で老人保健施設、四十六歳で特別養護老人ホームに入職し、入所者当人のみならず、その家族やケアスタッフなど、おびただしい数の出会いがありました。

この間、二十八歳で神戸市民同友会・市民の学校に学び、「心とは」「人間とは」「生きるとは」のテーマはは私の生涯の学習課題となりました。「心」とは若造が簡単に口に出来る物ではない奥の深い物であり、「その日その日を一生懸命生きなさい。そうすれば、目指すものには必ず到達出来ます」の教えで、今日頑張っております。

その他、四十二歳でアルコール依存症の診断を受け断酒生活に入ったことは、大学生時代に経験したスチューデントアパシーと共に、精神医学の知識を得る良い機会となりました。

老人介護の仕事に就いてからは、たくさんの講演会や講習会に参加しました。しかしながら、介護現場に直ちに有効な経験知に基づいた議論がほとんどないことに、大きな疑問を感じました。このままでは日本の介護の議論は意味のない方へ行ってしまうと痛切に感じたことが、今回本書を出版する契機となりました。本書を通じて、本当にお年寄りを仕合わせにする議論が出来れば幸いに存じます。

最後に長年に亘り教えを賜りました、詩人の倉橋健一先生。本書を出版するに当たり大変お世話を頂きました、株式会社澪標の松村信人様に御礼を申し上げます。

平成二十九年　初秋

中西徹郎

中西徹郎（なかにし　てつろう）

昭和34年　兵庫県氷上郡（現丹波市）山南町に生まれる。
昭和53年　私立三田学園高等学校卒
昭和58年　國學院大学法学部卒

平成10年６月、老人保健施設に入職し、老人介護の仕事を始め、平成15年４月、介護福祉士の資格取得。

趣味は高校野球観戦で、毎年春夏の甲子園大会はもちろん、夏の地方大会は新幹線も利用して、近畿圏及び近隣各県の大会に足を運ぶ。介護の仕事を始めてから多趣味となり、40歳でクラシックバレエを始め、43歳でプロの落語家に落語を学ぶ。

現住所：〒663-8233 兵庫県西宮市津門川町11-7-418

介護の天気、晴朗なり

二〇一七年十月二十日発行

著　者　中西徹郎
発行者　松村信人
発行所　澪　標《みおつくし》
大阪市中央区内平野町二—三—十一—二〇二
ＴＥＬ　〇六—六九四四—〇八六九
ＦＡＸ　〇六—六九四四—〇六〇〇
振替　〇〇九七〇—三—七二五〇六
印刷製本　株式会社ジオン